DER AUFRECHTE GANG

Herausgegeben vom Bundespräsidialamt und der
Bundesstiftung zur Aufarbeitung der SED-Diktatur

Redaktion: Robert Grünbaum, Sabine Roß, Irene Wiegand

DER AUFRECHTE GANG

OPPOSITION UND WIDERSTAND
IN SBZ UND DDR

Bundespräsident Horst Köhler und Rainer Eppelmann
im Gespräch mit Zeitzeugen und Schülern

(M) | METROPOL

Die Publikation basiert auf der Gesprächsreihe »Für Freiheit und Demokratie«, die Bundespräsident Horst Köhler und die Bundesstiftung zur Aufarbeitung der SED-Diktatur 2007 und 2008 durchgeführt haben. Die Gesprächsreihe wurde von Deutschlandradio Kultur und Deutschlandfunk übertragen.

Die Mitschnitte der einzelnen Veranstaltungen finden Sie unter: www.stiftung-aufarbeitung.de/gespraeche/index.php.

ISBN 978-3-940938-33-6

INHALT

Vorwort

Liebe Leserin, lieber Leser,

dieses Buch berichtet über eine Reihe von Gesprächen, die unter dem Titel »Für Freiheit und Demokratie« in den Jahren 2007 und 2008 in Schloss Bellevue und in der Gedenkstätte Bautzen stattgefunden haben. Zu den Gesprächen haben Rainer Eppelmann von der Bundesstiftung Aufarbeitung und ich eingeladen, um vor allem dreierlei zu erreichen: Wir wollten bewusst machen, wie wichtig für unser Land die Erinnerung an das SED-Unrecht und an den Widerstand dagegen ist; wir wollten Zeitzeugen mit jungen Leuten ins Gespräch bringen; und weil heutzutage leider viele Schülerinnen und Schüler nur wenig über die DDR wissen, wollten wir auch zeigen, wie spannend es sein kann, diese Wissenslücken zu schließen.

Unser Angebot fand ein großes, positives Echo – bei denjenigen, die die DDR erlebt und erlitten haben, bei den Schülern und Lehrkräften und bei vielen Journalisten. Es wurde deutlich: Wer in der DDR für Freiheit und Recht eintrat, wer Widerstand gegen Zwang leistete und darum verfolgt wurde, wer unschuldig ins Räderwerk der Überwachung geriet und selbst wer sich anpasste und darunter litt, hat Anspruch darauf, dass wir diese Erfahrungen ernst nehmen und versuchen, aus ihnen zu lernen. Die Gespräche zeigten auch: Es ist wirklich spannend, zuzuhören, nachzufragen, zu diskutieren; es macht oft traurig und wütend, aber es offenbarte auch Situationskomik, über die man im Nachhinein sogar lachen kann. Und: Die Gespräche machten alle Beteiligten immer wieder nachdenklich, weil sie plötzlich vor der Frage standen: »Wie hättest du selber dich verhalten?«

In den Erzählungen der Zeitzeugen wurde zudem anschaulich, wie die SED-Diktatur überhaupt funktionierte, wie die Überwachung, Gängelung und Unterdrückung der Menschen organisiert war und wem sie nutzte. Das zu wissen schärft den Blick und hilft, alle ähnlichen Versuche schon im Keim zu erkennen und zu bekämpfen.

Und noch etwas wurde lebhaft deutlich: Natürlich gab es in der DDR trotz SED-Herrschaft und trotz Unterdrückung auch privates Glück und persönliche Erfolge. Auch in der DDR gab es glückliche Kindheit und die große Liebe, gab es Fröhlichkeit und gute Ideen, gab es Fleiß und Spitzenleistungen und gute Nachbarschaft. Nur gab es alles das nicht wegen der Diktatur, sondern trotz ihr, und über alles legten sich mehr und mehr der ideologische Mehltau einer Herrschaft alter Männer und die Tristesse eines Staates, der seine Bürger mit Mauern und Stacheldraht zusammenhalten musste und der wirtschaftlich längst am Ende war, dessen Städte, Straßen und Betriebe verfielen und der die Arbeitslosigkeit in die Fabrikhallen verlagert hatte, wo die Produktion immer öfter stillstand. Auch diese Wahrheiten sind wichtig, damit niemand die DDR im Nachhinein schönreden kann, die doch von ihren eigenen Bürgern hinweggefegt wurde.

Die Berichte über unser Projekt haben weit über den Teilnehmerkreis hinaus vielen Verfolgten und Gegnern der SED-Herrschaft gutgetan. Sie wünschen sich von uns, ihren Mitbürgern, Anerkennung für die Zivilcourage, die sie bewiesen haben, und Respekt angesichts des Unrechts, das ihnen zugefügt wurde. Sie fragen auch, warum sie materiell schlechter dastehen als viele ihrer einstigen Widersacher, die nun unschuldig tun und vielleicht sogar voll Schadenfreude sind. Es gibt darauf keine leichte und erst recht keine ganz befriedigende Antwort. Aber umso mehr sollten wir uns denen zuwenden, die für die Freiheit eingetreten sind. Sie haben ein leuchtendes Kapitel deutscher Geschichte geschrieben.

Liebe Leserin, lieber Leser, ich glaube, die Berichte, Bilder und Zitate in diesem Buch vermitteln viel von der Atmosphäre, von den Informationen und Erkenntnissen und von dem guten Miteinander bei allen Begegnungen unserer Gesprächsreihe. Der Bogen spannt sich von den Anfängen der DDR bis zur friedlichen Revolution. Ich wünsche Ihnen spannende Lektüre!

Bundespräsident Horst Köhler

Zur Einführung

Der Aufbau der kommunistischen Diktatur im Osten Deutschlands ab 1945 rief von Beginn an Opposition und Widerstand hervor. Wie wenig sich die SED-Herrscher auf die Unterstützung der Menschen verlassen konnten, in deren Namen sie vorgaben zu regieren, zeigen Ereignisse wie der Volksaufstand vom 17. Juni 1953 oder der Mauerbau am 13. August 1961. Der Versuch der Staatspartei, politisches System und Gesellschaft hermetisch gegen jede Kritik abzuschotten, war von Anfang an zum Scheitern verurteilt. In allen Phasen ihrer Existenz gab es in SBZ und DDR mutige Frauen und Männer, die trotz persönlicher Risiken nicht bereit waren, sich dem allumfassenden Machtanspruch der SED zu beugen. Zu ganz unterschiedlichen Zeiten, aus mannigfachen Motiven und mit verschiedenen Mitteln stellten sie sich dem Regime entgegen und setzten sich für die Freiheit und für demokratische Grundwerte ein. Dennoch sollte es über vierzig Jahre bis zur Friedlichen Revolution dauern, die im Herbst 1989 dem SED-Regime ein Ende bereitete. Denn eine entscheidende Voraussetzung dafür war das Zusammenwirken verschiedener innen- und außenpolitischer Rahmenbedingungen. Zudem musste der SED und ihrem Machtapparat die Freiheit erst in vielen kleinen Schritten von den Bürgern abgerungen werden. Blieben oppositionelles Engagement und sichtbarer Widerspruch über viele Jahre hinweg auch nur eine Randerscheinung, so stellt die Friedliche Revolution von 1989 mit dem Sturz der SED-Herrschaft doch schließlich einen triumphalen Erfolg des Freiheitswillens der Menschen in der DDR dar.

Opposition und Widerstand, Selbstbehauptung und gesellschaftliche Verweigerung hatten in der DDR viele Gesichter. Das Buch »Der aufrechte Gang« erzählt ihre Geschichte anhand einiger beispielhafter Lebenswege bekannter und weniger bekannter Persönlichkeiten. Sie drehen sich um Mut und Zivilcourage, um Bewährung und Gefahr, um tragische Ereignisse und menschlichen Gewinn. An diesen bewegenden biografischen Zeugnissen orientiert will diese Einführung einige Aspekte und Stationen der Geschichte politischer Gegnerschaft in der SED-Diktatur – von der Einrichtung der SBZ bis zum Mauerfall – aufgreifen und in den zeithistorischen Kontext einordnen.

I.

Im Herbst des Jahres 1989 begann in der DDR eine schier unglaubliche Zeit. Innerhalb weniger Monate brach die zuvor 40 Jahre lang unumstößlich erscheinende Diktatur der Staatspartei SED unter dem Druck der Oppositionsbewegung und der friedlich demonstrierenden Menschen wie ein Kartenhaus zusammen. Alles ging rasend schnell: Schon im Sommer die gewaltige Fluchtwelle über Ungarn und die bundesdeutsche Botschaft in Prag, mit Beginn des Herbstes Massendemonstrationen in der DDR, dann der Sturz Erich Honeckers, schließlich der Fall der Mauer. Am Ende waren die SED-Herrscher ohne Gewalt in einer Friedlichen Revolution hinweggefegt worden. Die Geschwindigkeit dieser mitreißenden Folge von Ereignissen wurde allein von der Bevölkerung der DDR und ihrem Willen zur grundlegenden politischen Veränderung bestimmt – die SED hatte der Entschlossenheit ihrer vormals Untergebenen nichts mehr entgegenzusetzen.

Wer das Jahrhundertereignis der ersten gelungenen Revolution auf deutschem Boden noch ein Jahr zuvor vorausgesagt hätte, wäre wohl als Träumer bezeichnet worden. Doch mit der Selbstdemokratisierung der DDR und der darauf folgenden Deutschen Einheit im Jahre 1990 war schließlich das große politische Ziel erreicht, dass alle Deutschen in Demokratie, Freiheit und Frieden sowie in anerkannten Grenzen und im Einvernehmen mit ihren Nachbarn leben können. Die Friedliche Revolution war nicht einfach vom Himmel gefallen, auch wenn die Geschwindigkeit, mit der sich die Dinge in den Umbruchjahren 1989/90 plötzlich entwickelten, fast alle überraschte. Sie hatte vielmehr eine lange Vorgeschichte von Opposition und Widerstand, die bis in die Anfangszeit der kommunistischen Diktatur im Osten Deutschlands zurückreicht.

II.

Nach dem Ende des Zweiten Weltkriegs und der NS-Diktatur im Jahr 1945 gestaltete sich die politische Neuordnung Ostdeutschlands als schrittweise Einführung des stalinistischen Herrschaftssystems mit seinem totalitären Anspruch. Die Staatsgründung der DDR am 7. Oktober 1949 war dabei nur eine Etappe dieser »Stalinisierung« unter dem Schirm der sowjetischen Besatzungsmacht. Im Zuge des offen vorangetriebenen Aufbaus des Sozialismus kam es zu einer rücksichtslosen Umformung nahezu aller gesellschaftlichen Bereiche nach sowjetischem Vorbild. Tausende Menschen, die den neuen Machthabern dabei im Weg standen, wurden inhaftiert, misshandelt und zum Teil sogar in den Tod geschickt.

Rasch entwickelte sich, trotz dieser offensichtlichen Bedrohung für Leib und Leben, in Teilen der Gesellschaft eine politische Gegnerschaft. Erst waren es nur einige wenige, die sich mutig für Freiheit und Demokratie einzusetzen wagten. Diesen oftmals noch sehr jungen Leuten war schnell klar geworden, dass im östlichen Teil Deutschlands direkt nach dem Sturz der NS-Gewaltherrschaft eine neue totalitäre Diktatur errichtet wurde, die in all ihre Lebensbereiche einzudringen versuchte und der sie nun schon wieder gehorsam folgen sollten. Eine solche Zukunft aber konnten sie für sich nicht akzeptieren. Sie nahmen den 1945 offiziell proklamierten demokratischen Neuanfang in Deutschland ernst und entschlossen sich, mit Zivilcourage und friedlichen Protestaktionen Widerstand gegen die Diktatur zu leisten. Die drakonischen Strafen, denen sie sich für ihr Aufbegehren gegenübersahen, verraten viel über den menschenverachtenden Charakter des Regimes: Allein für das Kleben von Plakaten demokratischer Parteien konnte man zu 25 Jahren Arbeitslager verurteilt werden. Mutige Einzelaktionen blieben zunächst die einzige Möglichkeit des politischen Widerstands, da eine offen auftretende, demokratische Opposition durch das Regime nicht zugelassen wurde. So manifestierte sich die politische und wirtschaftliche Unzufriedenheit der Menschen in einer stetig anschwellenden Fluchtwelle nach Westdeutschland und entlud sich schließlich im schicksalsträchtigen Volksaufstand vom 17. Juni 1953.

Der Volksaufstand war ein spontaner und breiter Ausbruch des Unmutes der Menschen in der DDR und markierte den Höhepunkt des Widerstandes gegen die Errichtung einer neuen Diktatur. Wie ein Lauffeuer breitete er sich binnen weniger Stunden im ganzen Land aus. Allein im Zentrum Ost-Berlins versammelten sich weit über einhunderttausend Menschen, um den Rücktritt der Regierung und freie Wahlen zu fordern. Um den Sturz der SED-Herrschaft zu verhindern, erteilte die sowjetische Besatzungsmacht ihren Panzern den Einsatzbefehl. Binnen kürzester Zeit war der Aufstand blutig niedergeschlagen. Die unerbittliche Machtdemonstration kostete nach unterschiedlichen Schätzungen zwischen 50 und 125 Menschen das Leben, weit über tausend trugen zum Teil schwere Verletzungen davon. Zehn- bis fünfzehntausend Aufständische wurden verhaftet und zu teils langen Gefängnisstrafen verurteilt.

III.

Die beispiellose Verhaftungswelle nach dem Volksaufstand vom 17. Juni 1953 war eine charakteristische Reaktion des SED-Regimes auf das offene Misstrauensvotum seines Volkes. Denn wann immer die kommunistischen Machthaber vor und nach dem 17. Juni 1953 auf Opposition und Widerstand gegen ihren Allmachtsanspruch stießen, bedienten sie sich auch des klassischen Instruments der Unterdrückung: der politischen Haft. Über Jahrzehnte hinweg wurden so abertausende tatsächliche oder vermeintliche Gegner der DDR weggesperrt und um einen Teil ihres Lebens betrogen.

In der SBZ und der Frühphase der DDR bedeutete politische Haft oft eine ernsthafte Bedrohung für Gesundheit und Leben des Einzelnen, besonders aufgrund der durch das Regime billigend in Kauf genommenen schlechten Versorgungslage in den Lagern und Gefängnissen. Die Bedingungen in den DDR-Haftanstalten verbesserten sich im Lauf der Zeit zwar schrittweise, dennoch kennzeichneten Willkür, Gängelung, ständige Überwachung und Degradierung zu Menschen ohne Privatsphäre den Alltag der politischen Häftlinge. Die Gründe für das unnachgiebige Vorgehen der Staats- und Parteiführung waren vielfältig, letztlich ging es aber immer um die Durchsetzung und Sicherung ihrer Herrschaft. Ohne zu zögern nutzte die SED die politische Strafjustiz, um Regimekritiker und Systemgegner, politisch Andersdenkende, Flucht- und Ausreisewillige – kurz: sogenannte »feindlich-negative Elemente« – auszuschalten. Dabei waren es an sich ganz selbstverständliche demokratische Rechte und Freiheiten, die diese Menschen anstrebten. Mithin also nichts anderes als eine freie Gesellschaft. Genau dies aber sollte ihnen zum Verhängnis werden. Denn eine Opposition durfte es im kommunistischen

Staat offiziell gar nicht geben. In einem Staat, der vorgab, stets im Sinne des ganzen Volkes zu regieren, existierte nach Ansicht der Machthaber für eine politische Opposition keine objektive gesellschaftliche oder soziale Grundlage. Oppositionelle wurden deshalb kriminalisiert und zu gewöhnlichen Verbrechern abgestempelt.

IV.

Für jene Bürgerinnen und Bürger, die 1953 auf die Straße gegangen waren oder die als verunsicherte Zaungäste die Niederschlagung der Proteste miterlebt hatten, lautete die Lektion, dass die SED-Diktatur gegen den Widerstand der übermächtigen Sowjetunion nicht aus eigener Kraft überwunden werden konnte. Als in der Folgezeit die meisten Menschen ihre Hoffnungen auf eine Einigung der einstigen Alliierten des Zweiten Weltkriegs in der deutschen Frage verloren, blieb für viele nur noch die Flucht aus ihrer Heimat nach Westdeutschland, um sich den Zumutungen der SED-Herrscher dauerhaft zu entziehen. Es war eine »Abstimmung mit den Füßen«, die sich hier vollzog: Im Zeitraum zwischen Juni 1953 und August 1961 war die Zahl der Flüchtlinge auf über zwei Millionen angestiegen, darunter vor allem viele gut ausgebildete junge Menschen und Intellektuelle.

Die SED sah schließlich nur noch eine Möglichkeit, die flüchtenden Menschen aufzuhalten. Mit dem Mauerbau am 13. August 1961 wurden die Grenzen endgültig geschlossen. Für die kommunistischen Machthaber kam diese Maßnahme einer politischen und moralischen Bankrotterklärung gleich. Für die Menschen in Ostdeutschland bedeutete sie, von nun an den Herrschenden vollkommen ausgeliefert zu sein und sich ihnen nicht einmal mehr durch Flucht entziehen zu können.

Diese Zäsur markierte eine neue Phase in der Geschichte der DDR. Im dunklen Schatten der Mauer konsolidierte sich die wirtschaftliche Lage über die folgenden Jahre auf geringem Niveau, der politische Druck auf die Menschen aber wurde aufrechterhalten. Die Mehrheit lebte von nun an unzufrieden, aber notgedrungen angepasst. Einige versuchten, sich ein selbstbestimmtes Leben gegen die verordneten Normen aufzubauen, allerdings ohne sich offen politisch zu artikulieren. Die oppositionellen Kräfte wurden von nun an mit subtileren Methoden in Schach gehalten als in den Anfangsjahren der DDR. »Zersetzung« durch den Staatssicherheitsdienst wurde zu einer zentralen Methode. Durch die lautlose Arbeit der Geheimpolizei nahm die DDR nun viel deutlicher die Züge eines Orwellschen Überwachungsstaates an. Der Freiheitswille der Menschen und ihr Drang nach einem selbstbestimmten Leben aber ließen sich nie völlig auslöschen. Immer wieder brachen sich Opposition und Widerstand Bahn, immer wieder begehrten einzelne Menschen gegen die Diktatur auf.

V.

Ein wichtiges Zeichen setzten die sogenannten Bausoldaten. Ab 1964 wurde es jungen Wehrpflichtigen in der DDR insbesondere auf Drängen der evangelischen Kirche ermöglicht, den vom Staat verlangten Dienst an der Waffe aus Gewissensgründen zu verweigern und dafür innerhalb des Militärs als Bausoldat zu arbeiten. Einen echten Wehrersatz- oder Zivildienst erlaubte der Staat aber nicht. Sich als Bausoldat zu verpflichten war für viele der jungen Männer auch eine Entscheidung für den Rest des Lebens. Denn wer sich wie sie dem Allmachtsanspruch der SED verweigerte, der wurde oftmals ins gesellschaftliche Abseits gestellt. Den meisten Bausoldaten blieben zeit ihres späteren Lebens in der DDR der Zugang zu Universitäten oder zu beruflichen Führungspositionen verwehrt.

Die Bausoldaten waren eine kleine, aber wichtige Bewegung, die sich ihrer politischen Bedeutung wohl eher im Rückblick bewusst wurde. Sie waren stets ein Stachel im Fleisch des selbst ernannten »ersten deutschen Friedensstaates«. Dominierten anfangs noch religiös-pazifistische Einstellungen, sammelten sich unter den Bausoldaten später immer mehr aufmüpfige junge Männer, Querdenker und potenzielle Regimekritiker. Für viele Bausoldaten war ihr Entschluss oft auch der Beginn ihres politischen Engagements, das sie später in die unabhängige Friedens- und Menschenrechtsbewegung der DDR führen sollte.

VI.

Ab Mitte der 1970er und vor allem in den 1980er Jahren begannen sich immer mehr Menschen in der DDR in staatlich unabhängigen Friedensgruppen zu engagieren. Zu dieser Zeit des Kalten Krieges standen sich NATO und Warschauer Pakt inmitten Europas hochgerüstet und unversöhnlich gegenüber und stationierten immer mehr Nuklearwaffen in Deutschland. Die Gefahr eines Atomkriegs ängstigte auch viele Menschen in der DDR. Sie erkannten, dass die vorgebliche »Friedenspolitik« der SED-Regierung in Wirklichkeit die Militarisierung der Gesellschaft immer weiter vorantrieb sowie die atomare Aufrüstung in Deutschland und Europa unterstützte. In dieser gefährlichen Situation wollten sich viele Menschen nicht untätig in ein fremdbestimmtes Schicksal fügen. Es ging ihnen dabei aber nicht nur um die Ablehnung der militärischen Aufrüstung. Ihrem Verständnis nach engagierten sie sich für einen Frieden inmitten des staatlich organisierten Unfriedens der SED-Diktatur. Waffen waren für sie meist nur handfester Ausdruck von Gewaltverhältnissen, die ursächlich in verweigerter Gerechtigkeit, mangelnder Partizipation, dem Fehlen demokratischer Rechte und dem Machtanspruch einer einzigen Partei begründet waren. So war die unabhängige Friedensbewegung zugleich Oppositionsbewegung gegen den repressiven Staat. Folgerichtig fanden sich auch zu anderen drängenden gesellschaftlichen Problemen, wie der Missachtung von Menschenrechten und der Umweltzerstörung, immer mehr kritisch denkende und handelnde Menschen zusammen. Sie suchten dabei auch den »Frieden nach Innen«, also einen Frieden mit der Umwelt, oder einen Frieden mit sich selbst in einem ungeliebten politischen System, das sie so nicht länger hinnehmen wollten. Die verschiedenen Themen bildeten dabei stets einen Mehrklang und formten eine zunehmend gegen die Diktatur der SED gerichtete Bewegung.

Das organisatorische Dach für die Aktivitäten der unabhängigen Gruppen bot meist die evangelische Kirche – ein Schutzdach in der Diktatur. Die Kirche war in vielerlei Hinsicht die Basis der Oppositionsarbeit in der DDR. Sie hatte die einzige vom Staat unabhängige und zudem demokratische Organisationsstruktur, war landesweit präsent und verfügte durch Gemeindepartnerschaften über viele Kontakte in den Westen. Kirchlich gebundene Kreise fanden so in einzelnen Gemeinden den nötigen Freiraum, um abseits vom staatlichen Diktat arbeiten zu können, Veranstaltungen durchzuführen und landesweit kommunizieren zu können. In der evangelischen Kirche entstand Anfang der 1980er Jahre im Rahmen der Friedensdekade auch das wohl bekannteste Sinnbild der unabhängigen Friedensbewegung in der DDR, das Zeichen »Schwerter zu Pflugscharen«, das an einen alttestamentarischen Spruch angelehnt war. Bald trugen junge Friedensaktivisten im ganzen Land auf ihrer Kleidung das Zeichen mit der stilisierten Darstellung eines Mannes, der ein Schwert zu einer Pflugschar umschmiedet. Ein von der SED unabhängiges Friedenssymbol, das für seine zumeist jugendlichen Träger oft Zwangsmaßnahmen von staatlichen Organen, Polizisten, Parteifunktionären oder Lehrern nach sich zog.

VII.

Aber auch andere unangepasste Jugendliche, die sich selbst gar keiner politischen Haltung bewusst waren, gerieten oftmals ins Fadenkreuz der SED und ihres Machtapparates. Und dies nur, weil sie sich frei und unabhängig entfalten wollten. Denn jung sein in der DDR bedeutete, in einer totalitären Diktatur aufzuwachsen, die fast ausnahmslos jeden Lebensbereich der Menschen zu kontrollieren und ihre individuelle Entwicklung in vielen Bereichen zu unterdrücken versuchte. Hierfür wurde die nachkommende Generation von Kindesbeinen an in ein enges Korsett aus Institutionen geschnürt und auf die Parteilinie getrimmt. Bereits in der Kinderkrippe und später in der Schule waren die Kinder und Jugendlichen einer massiven ideologischen Einflussnahme ausgesetzt, die von einem autoritären Erziehungsstil begleitet wurde. Kritisch nachgefragt oder gar diskutiert werden durfte nicht. Auch nach Schulschluss konnte man der Kontrolle der Partei nur schwer entkommen: Die Jugendorganisation der SED, die »Freie Deutsche Jugend«, dominierte die Freizeitangebote und setzte hier die Indoktrination der Kinder und Jugendlichen fort.

Jugendlichen, die die Mitgliedschaft in der FDJ ablehnten, die sich in der unabhängigen Friedens- und Umweltbewegung und in der kirchlichen Arbeit engagierten oder die sich den Ansprüchen des Systems sichtbar verweigerten, indem sie ein Leben beispielsweise als Punker führten, wurde oftmals ganz einfach verboten, das Abitur zu machen und zu studieren. Sie wurden darüber hinaus vielfach in ihrem Alltag schikaniert oder gar zum politischen Gegner erklärt. Auch hier war es vielfach die Kirche, die den vom Regime verfolgten und drangsalierten Jugendlichen Schutz und Freiraum bot. Sie nahm sich mit ihrer Jugendarbeit dieser durch den Staat oftmals einfach als asozial abgestempelten jungen Menschen an: der Blues-Fans, der Hippies und Punker. Ihnen allen bot sie ein Dach für ihre Aktivitäten und Unterstützung bei ihren Problemen.

VIII.

Auch in der Friedlichen Revolution 1989 nahm die evangelische Kirche eine herausragende Rolle ein. Nicht nur in Leipzig, dem Ausgangspunkt der Montagsgebete und der darauf folgenden Demonstrationen, standen viele Kirchen den Menschen weit offen. Im ganzen Land waren sie Kristallisationspunkt und Schutzraum der sich formierenden Gegenöffentlichkeit. Zum ersten Mal seit der Gründung der DDR betrat im Herbst 1989 die Opposition organisiert den vormals von der SED besetzten öffentlichen politischen Raum. Auf der Straße fanden die Menschen nach Jahrzehnten der sprichwörtlichen Bevormundung durch das totalitäre Regime endlich ihre Sprache wieder und skandierten politische Forderungen. Nachdem während der ersten großen Massenproteste in Leipzig und andernorts stets noch die Angst vor einem blutigen Eingreifen der Staatsmacht mitmarschierte, brach sich die Zuversicht der Menschen spätestens nach dem 9. Oktober 1989 freie Bahn. An diesem »Tag der Entscheidung« kapitulierte die Staatsmacht vor 70.000 friedlichen Leipzigerinnen und Leipzigern. Sie wagte es nicht, den Protestzug mit Gewalt zu stoppen.

Der Tag des Mauerfalls am 9. November 1989 war dann sicherlich ein, wenn nicht der emotionale Höhepunkt dieses aufregenden Herbstes, der das Leben der Menschen in der DDR schlicht auf den Kopf stellte. Alle wurden damals von der Wucht der sich überschlagenden Ereignisse mitgerissen. Dinge, von denen die Menschen jahrelang nur geträumt hatten, waren auf einmal Realität geworden: Die gewaltsame Teilung der Deutschen durch Beton und Stacheldraht war überwunden und die unumstößlich scheinende Diktatur der SED in einer Friedlichen Revolution zu Fall gebracht worden. Nach ihrem langen Weg und ihrem vielgestaltigen Auftreten in mehr als vier langen Jahrzehnten der kommunistischen Diktatur in Ostdeutschland hatten Opposition und Widerstand schließlich gesiegt – und mit ihnen Freiheit und Demokratie.

Die Geschichte der politischen Gegnerschaft in der SED-Diktatur und ihres Triumphes in der Friedlichen Revolution kann der nachfolgenden, in Freiheit aufgewachsenen Generation zeigen, dass es in einer Diktatur durchaus auch Alternativen zu Anpassung, Gehorsam und Mitläufertum gibt. Der Einzelne hat immer auch eine Entscheidungsmöglichkeit: Er kann der diktatorischen Herrschaft begeistert folgen, kann sich mit den Umständen notgedrungen arrangieren oder aber sich, auf unterschiedliche Art und Weise, gegen die Diktatur stellen und sich widersetzen. Die Entscheidung zum Widerstand ist nie leicht. Sie verlangt eigenständiges Denken und Handeln, großen Mut und darüber hinaus viel Kraft, staatlichen Zumutungen und Drangsalierungen entgegenzutreten. Widerständiges Verhalten in der Diktatur ist ein herausragendes Beispiel für Zivilcourage. Einer Zivilcourage, der wir mit Respekt, Anerkennung und Dankbarkeit begegnen. Die uns aber auch vor Augen führt, dass unser freies und demokratisches Gemeinwesen von heute keine Selbstverständlichkeit ist und dass es sich lohnt, sich immer wieder dafür einzusetzen.

Rainer Eppelmann
Vorstandsvorsitzender der Bundesstiftung zur Aufarbeitung der SED-Diktatur

FÜR FRIEDEN
UND MENSCHENRECHTE

Michael Beleites, Harald Bretschneider, Roland Jahn, Ruth Misselwitz, Ehrhart Neubert und Gerd Poppe im Gespräch mit Schülerinnen und Schülern des Heinrich-Hertz-Gymnasiums (Berlin-Friedrichshain) und der Georg-Herwegh-Oberschule (Berlin-Hermsdorf), moderiert von Sven Felix Kellerhoff.

◆

20. APRIL 2007, SCHLOSS BELLEVUE

SVEN FELIX KELLERHOFF

»AUCH IN DER DIKTATUR SCHEINT DIE SONNE«

Teilnehmer der Gesprächsrunde, v. l. n. r.: Michael Beleites, Ehrhart Neubert, Gerd Poppe,
Sven Felix Kellerhoff (Moderator), Ruth Misselwitz, Harald Bretschneider, Roland Jahn

Zeit ist relativ. Zwei Jahrzehnte zum Beispiel sind relativ kurz für Menschen, die sich an ihr eigenes riskantes Aufbegehren gegen das SED-Regime erinnern. An den Einsatz für Frieden und Menschenrechte, an die Situation, einem totalitären Staat die erwartete Anpassung zu verweigern, und an die mitunter rabiaten Folgen dieser gar nicht immer bewusst getroffenen Entscheidung.

Dieselbe Zeitspanne dagegen ist relativ lang für Jugendliche, die erst nach der Einheit 1990 auf die Welt kamen und damit in der freiesten Gesellschaft aufwuchsen, die es in der deutschen Geschichte jemals gegeben hat. Für sie macht es keinen nennenswerten Unterschied, ob die Oppositionsbewegung in der DDR nun 20, 30 oder 40 Jahre her ist: Es handelt sich um Vergangenheit, die vor ihrer Geburt stattgefunden hat. Doch eben weil Zeit relativ ist, stellen die je nach Lebensalter so unterschiedlichen Horizonte keine unüberwindliche Barriere dar. Im Gegenteil zeigt alle Erfahrung, dass Geschichte, also die Form, in der sich eine Gesellschaft an ihre eigene Vergangenheit erinnert, auch Schüler interessieren und sogar prägen kann. Dazu braucht es jedoch zweierlei: Anknüpfungspunkte für die Jugendlichen, damit sie eigene Erfahrungen in einen Zusammenhang mit Schilderungen über die Vergangenheit bringen können, und engagierte, glaubwürdige Beschreibungen. Deshalb sind Zeitzeugen für die Vermittlung von jüngerer Vergangenheit unverzichtbar, denn konkret wie niemand sonst können sie den Kontrast zwischen dem Leben in der Diktatur DDR und dem Leben in der Demokratie des vereinigten Deutschlands darstellen.

Für bundesdeutsche Jugendliche des beginnenden 21. Jahrhunderts ist Umweltbewusstsein selbstverständlich, überwiegend auch eine pazifistische Haltung und mit einigen Abstrichen der Wunsch nach einem unangepassten Leben. In der ersten Diskussion von Schülern und früheren DDR-Oppositionellen auf Einladung des Bundespräsidenten und der Bundesstiftung zur Aufarbeitung der SED-Diktatur im Schloss Bellevue standen gerade diese drei Themenfelder im Mittelpunkt. Rund 60 Schülerinnen und Schüler zweier Berliner Gymnasien, der Georg-Herwegh-Oberschule in Hermsdorf und des Heinrich-Hertz-Gymnasiums in Friedrichshain, konnten sechs Zeitzeugen befragen, für die in den siebziger und achtziger Jahren des 20. Jahrhunderts die Auseinandersetzung mit dem SED-Regime prägend war. Alle Schüler hatten sich zuvor im Projektunterricht intensiv mit der DDR beschäftigt und waren deshalb vorbereitet auf die Debatte im Amtssitz des Staatsoberhauptes der Bundesrepublik.

Zu den auch heute auf Friedensdemonstrationen häufig anzutreffenden Symbolen gehört die stilisierte Zeichnung eines Kunstwerks, das der sowjetische Künstler Jewgeni Wutschetitsch 1957 geschaffen hatte und das seit 1959 vor dem Hauptquartier der UNO in New York steht. Die Skulptur zeigt einen ungeheuer muskulösen Heroen, der mit einem großen Hammer ein gewaltiges Schwert umschmiedet zu einer Pflugschar. Für einen Künstler in der poststalinistischen Zeit war Wutschetitschs Motiv durchaus ungewöhnlich, bezog es sich doch auf eine Prophezeiung aus dem Buch Micha des Alten Testaments: »Denn von Zion wird Weisung ausgehen und des Herrn Wort von Jerusalem. Er wird unter großen Völkern richten und viele Heiden zurechtweisen in fernen Ländern. Sie werden ihre Schwerter zu Pflugscharen machen und ihre Spieße zu Sicheln. Kein Volk wird gegen das andere das Schwert erheben, und sie werden fortan nicht mehr lernen, Krieg zu führen.« Mit dem konkreten Motiv, eine Waffe in ein dem friedlichen Ackerbau nützliches Werkzeug zu verwandeln, verband und verbindet sich bis heute die Hoffnung auf einen dauerhaften, stabilen und gerechten Frieden. Sehr viele Jugendliche kennen diese Zeichnung, die in der Regel von den Worten »Schwerter zu Pflugscharen« ringförmig umschlossen wird.

> Ein Heroe, der mit
> einem großen Hammer
> ein gewaltiges Schwert
> umschmiedet zu
> einer Pflugschar

Viel weniger bekannt ist jedoch der Hintergrund dieses pazifistischen Symbols. Erfunden haben es 1980 der DDR-Jugendpfarrer Harald Bretschneider und einige seiner Freunde. Es war die Zeit grassierender Angst vor einem drohenden Atomkrieg in beiden Teilen Deutschlands. In der Bundesrepublik gingen teilweise hunderttausende Menschen auf die Straße, um frei gegen die ihrer Ansicht nach falsche Nachrüstungspolitik der Nato zu demonstrieren. In der DDR konnte niemand frei demonstrieren, schon gar nicht gegen die Stationierung sowjetischer Mittelstreckenraketen zum Beispiel in Kamenz am Hutberg (Sachsen). Dagegen wandte sich Bretschneider mit der Idee zu einem Abrüstungstag: »Wir waren der Meinung, in der DDR gibt es einen Widerspruch. Auf der einen Seite wurde außenpolitisch

*»Schwerter zu Pflugscharen«: Symbol der
christlichen Friedensbewegung in der DDR*

eine Friedenspolitik vertreten; man rühmte sich, zu den friedliebenden Menschen der Welt zu gehören. Und auf der anderen Seite gab es eine enorme Militarisierung – in den Kindergärten, in der Schule, bei den Studierenden. Um diesem Widerspruch Ausdruck zu verleihen, haben wir den Buß- und Bettag 1980 und die zehn Tage davor zur Friedensdekade erklärt. Zur Friedensdekade der evangelischen Kirchen.« In 120.000 Exemplaren ließ Bretschneider das Motiv »Schwerter zu Pflugscharen« als Lesezeichen drucken, hinzu kamen rasch Buttons, Plakate und Aufnäher: Die christliche Friedensbewegung in der DDR hatte ihr Symbol gefunden, das bald auch einen Weg über die Mauer hinweg in die Bundesrepublik fand und hier noch viel stärker verbreitet wurde.

Keineswegs nur in Sachsen gab es die Sorgen vor einer möglichen atomaren Konfrontation zwischen Ost und West. In Pankow im Berliner Norden gründete die Pfarrerin Ruth Misselwitz Ende 1981 einen Friedenskreis: »Wir hatten Angst, dass sich hier zwei Kraftblöcke aufeinander und gegeneinander zu bewegen, die einen Konflikt auslösen, nach dem nichts mehr übrig sein würde. Wir hatten alle Kinder, meine Freunde

Die DDR setzte auf eine frühzeitige militärische Ausbildung der Jugendlichen,
z. B. in der Gesellschaft für Sport und Technik (GST).

waren alles Familien mit kleinen Kindern – meine Töchter waren damals fünf und sieben Jahre alt. Wir hatten einfach Angst. Wir hatten Angst um die Zukunft unserer Kinder, wir hatten Angst auch um unser eigenes Leben.« Hinzu kam die Ablehnung des 1978 eingeführten »Wehrkundeunterrichts« in den DDR-Oberschulen, einer Art paramilitärischer Ausbildung in den 9. und 10. Klassen. Die evangelische Kirche versuchte, Alternativen zu dieser militaristischen Ausbildung zu finden, doch Schüler, die sich weigerten teilzunehmen, wurden von Lehrern, aber auch von ihren Klassenkameraden oft ausgegrenzt. So entstand die Idee, mit dem Friedenskreis eine – natürlich inoffizielle – Alternative zu schaffen. Öffentlich werben durfte Ruth Misselwitz für die Auftaktveranstaltung nicht, aber durch Mund-zu-Mund-Propaganda verbreitete sich das Wissen rasch, dass eine interessante Veranstaltung anstünde in der Alt-Pankower Kirche, mit dem Titel »Frieden gegen Todsicherheit«. Dabei ergriff dann ein Gemeindemitglied die Initiative und ging mit einer Liste herum, auf der sich Interessenten an einem Friedenskreis mit Namen und Anschrift eintragen konnten – und das, obwohl unter den Besuchern selbstverständlich Stasi-Leute saßen. Die Angst vor dem Überwachungssystem und seinem Repressionsapparat begann zu weichen, auch weil die Kirche unter ihrem unabhängig gebliebenen Dach den Pazifisten Freiräume bot. Der Pankower Friedenskreis wuchs in den kommenden Jahren zur wohl größten Oppositionsgruppe in Ost-Berlin.

Wie in der DDR-Hauptstadt, so regte sich auch in der Provinz immer wieder Unzufriedenheit mit dem Regime. Auch auf dem Lande, selbst wenn es hier häufig keine »Antenne für die Friedensbewegung gab«, so Ehrhart Neubert, der in den sechziger Jahren evangelischer Vikar in Thüringen war. Er erlebte eine andere Art von Auseinandersetzung: »Es gab einen unendlichen Kampf zwischen der Dorfgemeinde und den politischen Einrichtungen, die an ihre religiösen und kulturellen Traditionen heran wollten. Geht die Jugend nun zur Kirmes, in die Kirche oder nicht? Das war noch gar nicht so politisch, das war erst einmal eine Selbstbehauptung.«

> Es gab auch Druck gegen unsere Kinder. Das war das Schlimmste.

Doch schließlich hatte die SED mit ihrer Taktik der Einschüchterung vielfach Erfolg: »Unentwegt lastete auf den Kindern und den Jugendlichen der Druck, nicht mehr zur Kirche zu gehen. Ich habe dann relativ früh versucht, mit anderen das Recht auf Religionsfreiheit einfach zu erkämpfen. Das wurde ein unentwegter Kampf, der nicht leicht zu führen war, weil viele Eltern eingeschüchtert waren. Sie haben sich geweigert, ihre Namen zu nennen, weil sie fürchteten: ›Ja, wenn Sie protestieren, dann kriegen wir noch mehr Schwierigkeiten.‹« Neubert setzte seine oppositionelle Tätigkeit auch als Studentenpfarrer in Weimar in den siebziger und frühen achtziger Jahren fort – und erlebte es hier, dass aus Protest gegen den Wehrkundeunterricht und aus Angst um den Frieden plötzlich zahlreiche Jugendliche in die Kirche kamen. Die SED reagierte teilweise mit unerwarteten Mitteln.

Eine Wehrpflicht für junge Männer besteht in der heutigen Bundesrepublik ebenso wie in den sechziger, siebziger und achtziger Jahren in der DDR. Doch über diese formale Ähnlichkeit hinaus gibt es fast keine Parallelen: »Es ist überhaupt kein Vergleich zwischen der Bundeswehr und der Nationalen Volksarmee, die eine viel geringere militärische Bedeutung hatte im Gesamtsystem des Warschauer Paktes. Sie war ein Teil des Repressionsapparates und sie war dazu da, junge Leute zu disziplinieren, damit ihnen möglichst alle Widerstandsfähigkeit schon in den jungen Jahren ausgetrieben wurde«, erinnert sich Gerd Poppe. Konsequent verweigerte er den Wehrdienst – allerdings nicht mit einer pazifistischen Begründung: »Ich habe schriftlich formuliert, dass ich den Dienst mit der Waffe ablehne, weil etwa in Polen die dortige Armee gegen streikende Arbeiter in Danzig und anderen Orten eingesetzt worden war und weil ich eine Wiederholung auch in der DDR nicht ausschließen könnte. Das war eine ganz klar politische Erklärung und ich habe dann nur gewartet, ob man mich daraufhin verhaftet oder nicht.« Ins Gefängnis kam er zwar nicht, aber stattdessen musste er sechs Monate Dienst bei den Bausoldaten absolvieren, dem von der SED widerwillig eingeführten Ersatzdienst für

Stand der Initiative Frieden und Menschenrechte auf der Friedenswerkstatt
in der Ost-Berliner Erlöserkirche am 29. Juni 1986, Mitte: Gerd Poppe

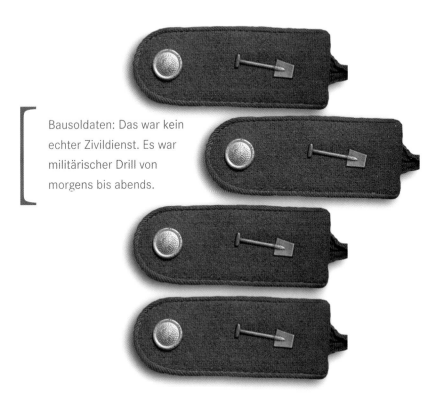

Bausoldaten: Das war kein echter Zivildienst. Es war militärischer Drill von morgens bis abends.

Kriegsdienstverweigerer, der sich ebenfalls stark von der entsprechenden Regelung in Westdeutschland unterschied: »Das war keine Alternative zum Wehrdienst, es war kein echter Zivildienst. Es war militärischer Drill von morgens bis abends. Der einzige Unterschied war, dass man keine Waffe tragen musste. Das war aber auch wirklich das einzige.« Poppe ließ sich nicht einschüchtern, sondern blieb DDR-kritisch. 1985/86 gründete er zusammen mit seiner Frau und einigen Freunden eine unabhängige Oppositionsgruppe in Ost-Berlin, die Initiative Frieden und Menschenrechte. »Die Friedensbewegung West, mit der wir viele Gemeinsamkeiten hatten, jedenfalls mit denjenigen, die nicht nur die amerikanischen, sondern auch die sowjetischen Raketen ablehnten, war auf einem absteigenden Ast. Nun stellte sich natürlich die Frage: Welchen Themen wenden wir uns jetzt besonders zu? Natürlich den Menschenrechten.«

Bis in die achtziger Jahre hinein dominierte eindeutig das Thema Frieden die Opposition in der DDR. Doch dann kam ein weiteres Feld hinzu: der »Frieden mit der Natur«, der Umweltschutz. »Anfang der achtziger Jahre haben viele geglaubt, beim Thema Frieden oder bei den Menschenrechten, bei politisch hoch sensiblen Sachen, sei die Gefahr, verfolgt und inhaftiert zu werden, doch sehr groß. Aber ökologische Fragen sind nicht so vordergründig politisch; da können wir uns engagieren. Deswegen hat die Umweltszene am Anfang sehr viel mehr Menschen erreicht als die anderen oppositionellen Gruppen«, sagt Michael Beleites, der sich schon als 18-Jähriger in verschiedenen Oppositionsgruppen engagierte, mit dem Schwerpunkt auf dem Uranabbau in Sachsen. »Dieses Uranbergbauunternehmen Wismut hat nicht nur die ganze Gegend ökologisch belastet, nicht nur die Umwelt der Bergarbeiter gefährdet, sondern es hat auch die Atmosphäre geprägt. Denn Uran war ein Tabu, Wismut war ein Tabu. Da durfte nicht darüber gesprochen werden. Und in einer Gegend, wo die Mehrheit der Menschen in diesem Unternehmen gearbeitet hat, wo keiner drüber sprechen konnte, herrscht eine ganz eigenartige Atmosphäre. Ich habe mir damals gedacht, wir müssen das irgendwie öffentlich machen.«

Der Uranabbau in der DDR führte zu gravierenden Umweltschäden:
Abraumhalden des Uranabbaus bei Ronneburg (Thüringen).

Seit ungefähr dieser Zeit wurden Umweltdaten in der DDR geheim gehalten. Wer dagegen aufbegehrte, zum Beispiel Fakten über den Uranabbau und seine ökologischen Folgen verbreiten wollte, wurde von der Stasi als politischer Gegner betrachtet. Umso mehr, wenn er Mittel und Wege fand, seine Informationen trotz der fast totalen Kontrolle der SED und des Staates über jede Art von Druckgeräten zu vervielfältigen: »Die DDR war bis Ende 1989 ein hundertprozentig Copyshop-freier Raum. Man musste zur Vervielfältigung andere Wege finden – und das waren kirchliche Wachsmatrizenmaschinen, auf dem technischen Stand der zwanziger Jahre. Dafür brauchten wir aber Materialien, bei denen uns Freunde aus der Bundesrepublik geholfen haben. Um unsere Dokumentation in tausend Exemplaren zu drucken mit 60 Seiten mussten wir 60.000 Mal kurbeln und die Papiere dann auch ordnen.« Doch die Resonanz auf diese Dokumentation war groß: Begierig lasen andere Oppositionelle die Informationen zum Uranabbau und verbreiteten sie – durch Weitergeben ihrer Exemplare oder durch zusätzliches Abschreiben.

Michael Beleites berichtet 1988 in der Untergrundschrift »Pechblende« über den Uranabbau im Süden der DDR durch die Wismut AG.

Neben dem Friedens- und Umweltengagement ist ein auch bei vielen Jugendlichen im beginnenden 21. Jahrhundert verbreitetes Bedürfnis, unangepasst zu leben. Das war in Ostdeutschland nicht anders, jedenfalls bei manchen Schülern: »Ich wollte mir ein buntes Leben machen. Ich wollte frei sein in der DDR. Ich wollte das machen, was ich will. Also Party machen, Musik hören, wie man das so macht als 16-/17-Jähriger«, erinnert sich Roland Jahn an den Anfang der siebziger Jahre, die er in seiner Heimatstadt Jena erlebte: »Es war der Staat, der das eingeschränkt hat. Der vorschreiben wollte, was ich zu denken habe, was ich zu machen habe. Ständig bin ich an Grenzen gestoßen. Es ist doch ein Unding, wenn ich in der Schule bin und vom Lehrer aufgefordert werde, zum Friseur zu gehen. Ich hätte zu lange Haare. Das kann doch nicht wahr sein. Wir haben uns dann gewehrt. Wir haben gesagt, das geht doch nicht. Jeder hat das Recht, seine Haare zu tragen, wie er will. Das hat uns kein Staat vorzuschreiben. So sind wir politisiert worden.«

Unangepasste Jugendliche gerieten oft in Konflikte mit dem SED-Staat: Besucher eines Autorennens in Schleiz 1978.

Für Roland Jahn waren diese Erfahrungen nur der Anfang. Er erlebte, wie die Volkspolizei Partys gewaltsam auflöste, weil sie »verdächtig« waren: »Natürlich kann jeder sagen: ›Ach, das passiert dir auch mal, dass die Polizei kommt und Leute ungerechterweise verprügelt.‹ Genau das darf man nicht hinnehmen, dass die Polizei kommt und irgendwo in eine Wohnung geht und Leute zusammenschlägt. Dagegen muss man sich wehren. Das haben wir gemacht. Aber das Ergebnis war, dass die, die sich gewehrt haben, in den Knast gewandert sind. Weil sie die DDR ›verunglimpft‹ haben, weil sie gesagt haben, dieser Staat ist brutal, diese Polizei ist brutal.«

Immer deutlicher wurden dem jungen Jenaer die Beschränkungen, unter denen er lebte – zum Beispiel die stark reduzierte Reisefreiheit: »Wenn ich auf Tramptour bin und dort Leute kennenlerne aus dem Westen oder Jugoslawien, ist für mich an der bulgarischen Grenze Halt. Die anderen aber gehen weiter auf Tour bis Afghanistan. Und ich

Ich war ganz
klein und habe
geflennt, als
ich das Foto
meiner drei-
jährigen Tochter
in den Knast
bekam.

Roland Jahn verfolgte auch nach seiner Ausbürgerung 1983 die Entwicklung in der DDR. Als Redakteur des vom Sender Freies Berlin produzierten Fernsehmagazins Kontraste war er einer der aktivsten Unterstützer der DDR-Opposition im Westen.

stehe da und darf wieder zurück in die DDR. Das frage ich mich: ›Was ist das hier? Reisefreiheit?‹ Ich will reisen, wohin ich will.« Roland Jahn reizte die Möglichkeiten aus, hielt sich in der Nähe des Grenzgebietes auf, wurde prompt festgenommen und eine ganze

Nacht lang verhört. Er musste erleben, wie einer seiner Freunde auf dem Weg zu einer Geburtstagsparty in Ost-Berlin von der Stasi aus dem Zug geholt wurde – und zwei Tage später tot war. Angeblich Selbstmord. »Da dachte ich mir: ›Das geht nicht mehr!‹ Und bin noch mehr radikalisiert worden.« Jahn wollte nun sein Missfallen mit den herrschenden Umständen im SED-Staat deutlich machen, doch die Folgen bekam er bald zu spüren: Er verlor seinen Studienplatz. Nun begann er, mit kleinen, kreativen Aktionen seinen Protest auszudrücken: »Ich bin am 1. Mai auf die Straße gegangen, als die große Propagandaveranstaltung lief, alle mit ihren großen Einheitslosungen. Ich hatte ein kleines Plakat, das war weiß. Es stand gar nichts darauf. Und so bin ich durch die Stadt Jena gelaufen – und alle wussten, das ist eine politische Demonstration: ›Der drückt aus, wir dürfen nicht sagen, was wir wollen.‹« Beim nächsten 1. Mai, dem neben dem 7. Oktober höchsten Feiertag der SED, brach Jahn dann sogar ein absolutes Tabu: »Ich habe mich hingestellt mit einer Gesichtsmaske, die auf einer Seite aussah wie Hitler und auf der anderen wie Stalin. Dann habe ich mich neben die Tribüne, neben die Bonzen gestellt und habe denen, die vorbeimarschiert sind, zeigen wollen: ›Ja, ihr marschiert, ihr marschiert einfach nur für Diktatur und jubelt den Diktatoren zu.‹ Oben stand der Parteisekretär und unten stand ich als Hitler-Stalin und alle haben gejubelt. Ich konnte ja aussehen, wie ich wollte, dachte ich.« Das war ein Irrtum: Ein halbes Jahr später nahm die Stasi Jahn fest und sperrte ihn ein. Dann bekam er für seine stets gewaltfreien Aktionen sogar eine Haftstrafe von 18 Monaten und wurde 1983 gegen seinen Willen und in Ketten gefesselt in die Bundesrepublik ausgewiesen.

Politisches Engagement in einer Diktatur unterscheidet sich vom gesellschaftlichen Einsatz in einer Demokratie fundamental – nämlich durch das Risiko, für unangepasstes, also regimewidriges Verhalten bestraft zu werden. Dabei bedeutet das keineswegs nur Verhaftung und Abschiebung gegen den eigenen Willen; es gibt sehr viel mehr, teilweise auch fein abgestufte Mittel der Repression. Das beginnt bei vorsätzlich verursachten beruflichen oder persönlichen Misserfolgen und geht über den Verlust von Studien- oder Arbeitsplätzen bis hin zu massivem Druck auf Freunde und Verwandte; die systematische Ausspähung teilweise selbst intimster Lebensbereiche kann ebenfalls große psychische Probleme verursachen. Solche Erfahrungen haben viele DDR-Oppositionelle gemacht, aber sie sind für heutige Jugendliche praktisch gar nicht mehr nachvollziehbar. So kreisten im Schloss Bellevue gleich mehrere Schülerfragen an die Zeitzeugen um die Wahrnehmung der Risiken und die Überlegung, ob man unter solchen Umständen an seiner oppositionellen Haltung nicht auch zweifelt.

Michael Beleites zum Beispiel fühlte sich ständig verfolgt und überwacht: »Ich durfte nicht studieren und bekam dafür nie eine Begründung. Ich durfte nirgendwohin ins Ausland reisen, ohne dass mir das mitgeteilt wurde. Immer an der Grenze zur Tschechoslowakei wurde ich aus dem Zug rausgefischt und dann ohne Begründung wieder zurückgeschickt. Und damit war man auch isoliert, weil natürlich alle anderen im Ausland irgendwo Urlaub machten und man blieb dann alleine zurück.« Der Umweltaktivist hörte von Gerüchten über sich, bekam Drohbriefe und lebte in ständiger psychischer Anspannung wegen dieses diffusen Psychoterrors. »Diese Situation war auf Dauer nicht ohne Folgen auszuhalten, auch wenn es andere nicht gemerkt haben. Für Außenstehende mag es so ausgesehen haben, als hätte man gerade eine Pechsträhne oder sei man eben nicht so leistungsfähig, dass man halt studieren dürfe.« Bei allem, was er tat oder nicht tat, fragte er sich unbewusst: »Wie können die das jetzt gegen mich verwenden?« Beleites gab dem Druck nicht nach; er stellte weder sein Engagement ein noch nahm er den in den achtziger Jahren durchaus möglichen Ausweg, einen Ausreiseantrag in die Bundesrepublik zu stellen. Das war allerdings wiederum eine Frage der Zeit: »Ich bin zwar bis zuletzt in der DDR geblieben, aber ich würde nie behaupten, dass ich aus Prinzip auf Dauer geblieben wäre. Ich hätte das irgendwann auch nicht mehr ausgehalten, wäre entweder verrückt

[
Ich hätte das irgendwann
auch nicht mehr ausgehalten,
wäre entweder verrückt
geworden oder nach dem
Westen gegangen.

geworden oder nach dem Westen gegangen. Und dann wäre natürlich die Mauer von der anderen Seite dicht gewesen.« Erst nach der friedlichen Revolution erfuhr Beleites, dass er der für ihn zuständigen Stasi-Bezirksverwaltung als einer von zwei Hauptfeinden galt: »Der andere war Roland Jahn.«

»Jeder hat wahrscheinlich seine Momente gehabt, in denen wir gezweifelt haben und in denen wir am Boden waren«, bestätigt Jahn: »Bei mir war das hauptsächlich im Knast. Ich habe immer den coolen Typen gespielt und immer der Held sein wollen, und dann saß ich hinter Gittern. Ich war ganz klein und habe geflennt, als ich das Foto meiner dreijährigen Tochter in den Knast bekam. Da saß ich dann und weinte und dachte: ›Wann siehst du sie wieder? In drei Jahren?‹ Dann fragt man sich: ›Was hat das alles für einen Sinn? Willst du dir jetzt lieber nicht eingestehen, dass du Mist gebaut hast? Willst du bei den Menschen sein, für die du das eigentlich alles machen wolltest? Was nützt es, die große Welt zu verändern, wenn ich nicht in der Lage bin, mein kleines Familienglück zu bekommen?‹ In solchen Momenten bist du ganz klein.« Jahn empfand die Maßnahmen des SED-Regimes als Sippenverfolgung: »Wenn einer aus der Familie politisch wurde, dann war es für alle vorbei. Und meine so unpolitischen Eltern, die immer dachten, wenn

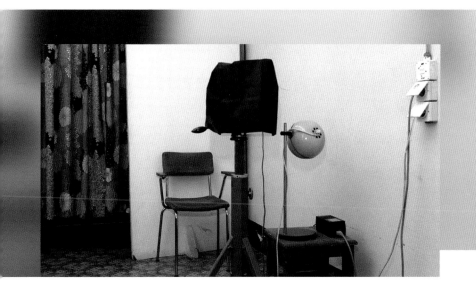

Vernehmungsraum mit Sichtblende im ehemaligen Stasi-Gefängnis Gera

jemand eingesperrt wird, da muss schon irgendwo etwas gewesen sein, den kann man doch nicht so einfach wegholen. Meine Eltern begriffen plötzlich, als ihr Sohn in den Knast kam, für nichts sozusagen, bloß weil er anderer Meinung, weil er solche Aktionen wie am 1. Mai gemacht hat: Das geht hier doch nicht mit rechten Dingen zu.« Als Jahn dann, gefesselt mit Knebelketten, gewaltsam aus Jena über die innerdeutsche Grenze nach Westdeutschland abgeschoben wurde, öffnete das seinen Eltern die Augen: »Dass dieser Staat zugreift und Familien teilt. Da war ich nämlich dann im Westen. Und ab diesem Zeitpunkt haben meine Eltern wirklich begriffen, was los ist in diesem Staat, dass man nicht unpolitisch sein kann. Zum Beispiel sind sie nicht mehr zur Wahl gegangen und haben sich zu ihrem Sohn bekannt, der im Westen war, und gesagt: ›Nein, was hier an Unrecht geschieht, das darf nicht weiter so sein.‹ So wird man politisch.« Die kurzfristig wirksamen Unterdrückungsmaßnahmen der SED und ihres »Schildes und Schwertes«, der Stasi, erreichten so mittelfristig das Gegenteil.

Allerdings gehörten die Oppositionellen in der DDR immer zu einer relativ kleinen Gruppe: »Wir waren eine Minderheit, das muss man einfach sagen. Die große Bevölkerungsmehrheit hat uns ganz kritisch gesehen. Wir waren ja die Störenfriede. Wir waren weder vom Westen noch vom Osten so richtig einzuordnen«, erfuhr Ruth Misselwitz ganz praktisch. Und obwohl sie als Pfarrerin in einer Gemeinschaft abseits des ansonsten nahezu totalen Durchdringungsanspruchs der Staatspartei lebte und arbeitete, erlebte auch sie Zweifel: »Natürlich gab es oft Situationen, in denen man gesagt hat: ›Das halte ich überhaupt gar nicht durch, das geht auch nicht mehr so weiter.‹ Es gab ja auch Zeiten, in denen man das Gefühl hatte, man kommt keinen Schritt weiter, sondern es geht vielleicht eher wieder rückwärts.« Dann half allerdings oft die Solidarität innerhalb der regimekritischen Zirkel: »Kraft haben wir immer daraus geschöpft, dass wir dann eben uns in diesen Gruppen Mut zugesprochen haben. Dass wir uns sagten, es ist wichtig, und man kann dann auch gar nicht mehr anders. Wenn man das einmal begriffen hat, dann kann man nicht mehr anders, dann geht es eben weiter.«

Zivilcourage in einer Diktatur ist ja etwas anderes als Zivilcourage in der Demokratie.

So führte pure Gewissensnot, oft nicht einmal reflektiert, zur Entscheidung, dem Staatssozialismus zu widerstehen. Es war fast nie Kalkül oder eine nüchterne Abwägung, die Oppositionelle zu ihrem Engagement brachte, denn pragmatisch betrachtet waren die Aussichten auf Erfolg in der Diktatur DDR äußerst gering. Doch im Gegensatz zur pluralistischen Demokratie, in der ein gesundes Maß Pragmatismus richtig und vernünftig ist, weil hier das Grundprinzip der Ausgleich unterschiedli-

[**DDR-Oppositionelle als amerikanische Spione?**

cher Interessen ist, kann diese Haltung in einem System mit totalitärem Lenkungsanspruch über das Leben seiner Untertanen die Menschen in psychische Sackgassen führen. Deshalb führt der Vergleich von Opposition in der DDR und kritischem Einsatz im Rechtsstaat in die Irre. Gerd Poppe machte den Unterschied klar: »Zivilcourage in einer Diktatur ist ja etwas anderes als Zivilcourage in der Demokratie. Deshalb kann ich das nicht unter einem Hut bringen. Natürlich ist eine Lehre, dass man Zivilcourage aufbringen muss auch unter widrigen Bedingungen. Aber man hat in der Demokratie andere Möglichkeiten, sich zu Wort zu melden und an die Öffentlichkeit zu gehen.« Poppe beantwortete damit gleich auch die Frage, ob er sein oppositionelles Verhalten wiederholen würde: »In den Umständen eines demokratischen und die Menschenrechte achtenden Staates habe ich nicht nötig, das Gleiche noch mal wieder zu tun. Aber in einer Diktatur ist das notwendig.«

Frieden, die Achtung der Menschenrechte und Umweltschutz sind in der Bundesrepublik des 21. Jahrhunderts unbestritten anerkannte Ziele, die großes politisches Engagement verdienen – sicher noch mehr Einsatz, als in der Gegenwart festzustellen ist, und gewiss auch Unterstützung über nationale Grenzen hinweg. Vor diesem Hintergrund interessierten sich mehrere Schüler für die Unterstützung, die seinerzeit die Opposition in der DDR von außerhalb bekommen hat. Eine schwierige Frage, denn nach dem international noch immer anerkannten Grundprinzip der Nichteinmischung in innere Angelegenheiten konnte und kann solche Hilfe durchaus negativ ausgelegt werden. Die SED-Behörden haben das auch immer wieder getan: »Die Stasi hat natürlich immer versucht nachzuweisen, dass Oppositionelle im Auftrag tätig wären, angebunden an westliche und vor allem amerikanische Geheimdienste. Rainer Eppelmann zum Beispiel unterstellen das Leute bis heute, die ihm böse wollen. Und zwar, weil sie beleidigt sind,

Auch einige westdeutsche Politiker unterstützten die Oppositionsgruppen in der DDR: Im Anschluss an einen Besuch bei SED-Parteichef Erich Honecker im Jahr 1983 demonstrieren die Grünen-Abgeordneten Petra Kelly und Otto Schily mit Symbolen der unabhängigen Friedensbewegung vor dem DDR-Staatsratsgebäude.

dass sie nicht mehr an der Macht sind!« Auch zu Roland Jahn gibt es Stasi-Akten, hat später auch die SED-Zeitung »Neues Deutschland« behauptet, dass er gelenkt und geleitet worden sei aus dem Westen. »Das sind alles Legenden. Ich weiß nicht, ob es unter den DDR-Oppositionellen einen amerikanischen Spion gegeben hat, aber ich kann mir das nicht vorstellen«, stellte Ehrhart Neubert entsprechende Vermutungen richtig.

Trotzdem gab es natürlich Hilfe für die DDR-Oppositionellen aus dem Westen, gerade in den späten siebziger und den achtziger Jahren: »In der Tat war es außerordentlich wichtig, Unterstützung zu erhalten, und zwar durchaus aus aller Welt. Es war weniger die US-Regierung – obwohl der damalige Präsident Jimmy Carter hat einiges geleistet, was den Kampf gegen Menschenrechtsverletzungen weltweit anging –, aber es waren im Wesentlichen andere Menschen aus den westeuropäischen Ländern, aus der Bundesrepublik«, fügte Gerd Poppe hinzu: »Leute, die sich zum Beispiel wie wir gegen die Aufstellung der Raketen wendeten in den frühen achtziger Jahren, und Menschenrechtsorganisationen.« Eine wichtige Rolle spielten westdeutsche Journalisten, die in Ost-Berlin offiziell akkreditiert waren und für ihre Kontaktleute unter den Regimekritikern mitunter kofferraumweise verbotenes Material einschmuggelten; auf diese Weise bekam Gerd Poppe jeden Montag vom Ost-Berliner »Spiegel«-Korrespondenten Ulrich Schwarz die aktuelle Ausgabe des Hamburger Magazins. Genauso wichtig war die Möglichkeit, über den Umweg der freien westlichen Medien den Menschen in der DDR Informationen über die Opposition zukommen zu lassen, was die vollständig von der DDR kontrollierten ostdeutschen Zeitungen und Sender natürlich nie taten. Besonders Roland Jahn hat so gewirkt, weil er nach seiner Abschiebung von West-Berlin aus zum Kontaktmann der Opposition auf der anderen Seite der Mauer wurde. Auch erfuhren die ostdeutschen Bürgerrechtsgruppen Hilfe von einzelnen bundesdeutschen Politikern, und zwar aus fast allen Parteien – von der SPD und der CDU ebenso wie von den Grünen. Petra Kelly, die Mitbegründerin der ökologischen Partei, brachte sogar ein ganzes Kopiergerät für die Initiative Frieden und Menschenrechte nach Ost-Berlin. Unterstützung für die DDR-Opposition gab es also auf mehreren Feldern: bei den freien Medien, durch ideelle Stärkung, von einzelnen Politikern – aber nicht oder doch keinesfalls in nennenswertem Umfang auf dem Wege geheimdienstlicher oder sonstiger auch nach Maßstäben eines Rechtsstaates illegaler Methoden.

DDR-Korrespondenten der West-Medien versorgten Oppositionelle mit Informationen und Zeitschriften. Der Spiegel war eine viel gelesene Lektüre, gerade wenn er Geschehnisse in der DDR thematisierte. Im Februar 1988 wird die Ausbürgerung des oppositionellen Liedermachers Stephan Krawczyk gar zum Spiegel-Titel.

Zeitgeschichte ist immer auch Streitgeschichte. So gewiss es ist, dass in Ostdeutschland eine Diktatur der SED herrschte, so sehr gab es in der DDR in den vier Jahrzehnten ihrer Existenz eben auch Millionen Menschen, die in diesem Staat bei allen Beschränkungen ein erfülltes Leben geführt haben. Private und höchstpersönliche positive Erfahrungen werden nicht entwertet durch die grundsätzliche, richtige Feststellung, dass die DDR als Staat nichts im positiven Sinne Erinnerungswürdiges hinterlassen hat. Doch diese Erkenntnis ist nicht einfach zu vermitteln. Deshalb kursieren, gut eine halbe Generation nach der friedlichen Revolution, zahlreiche Verklärungen des SED-Staates in den Köpfen – teilweise politisch instrumentalisiert, teilweise als schlichte Abwehrreaktion gegen die gefühlte, mitunter vielleicht auch berechtigte Gefahr einer »feindlichen Übernahme« der eigenen Erfahrungen. Auch die Schüler bei der Diskussionsrunde im Schloss Bellevue wollten wissen, ob die Zeitzeugen auf dem Podium auch positive Erinnerungen an die DDR hatten.

»Es hört sich jetzt immer so an, als wenn das ganz schwarz und ganz dunkel und ganz schrecklich war«, antwortete Ruth Misselwitz: »Aber ich habe die achtziger Jahre andererseits auch in wunderbarer Erinnerung, weil wir Gemeinschaft erlebt haben. Weil wir das Gefühl entwickelt haben, füreinander da zu sein. Wir haben uns gegenseitig geholfen.« Natürlich war auch dieses Zusammengehörigkeitsgefühl in oppositionellen Kreisen oft direkt verbunden mit dem von der Staatspartei höchst unerwünschten politischen Engagement. Die Pankower Pfarrerin erinnerte sich, dass ihre Freunde und sie nachgefragt haben, wenn »jemand verschwunden« war. Und nicht nur das: »Dann hat man sich um die Kinder gekümmert. Dann hat man aufgepasst, dass da niemand irgendwie durch die Maschen fällt. Es war wirklich ein ganz großes Zusammengehörigkeitsgefühl.« Der Druck von außen brachte Menschen in ihrem Umfeld enger zusammen: »Was haben wir in unserer Kirche für wunderbare Feste gefeiert. Wir haben große Veranstaltungen gemacht, ein riesengroßer Tisch durch die ganze Kirche und lauter wunderbare Sachen zum Essen. Jeder hat etwas mitgebracht und wir haben gewissermaßen Abendmahl gefeiert; nicht in einem sakralen Sinne, sondern als Gemeinschaft. Wir haben auch getanzt in der Kirche. Wir haben eine Gegenwelt aufgebaut und gelebt.«

Weniger praktisch verstand Harald Bretschneider dieselbe Frage: »Das Wunderbare, was es aufzubewahren gilt und was ich eigentlich auch gerne weitergeben möchte, ist: Die DDR hat uns genötigt, über die Hintergründe unserer Zivilcourage nachzudenken und Mut zu beweisen.« Mit deutlicher Rührung berichtet der langjährige Jugendpfarrer von Jugendlichen, die Anfang der achtziger Jahre das Zeichen »Schwerter zu Pflugscharen« auf ihre Jacken genäht hatten, die von der Volkspolizei zum Verhör abgeholt wurden und die dann den Aufnäher unter Aufsicht ausschneiden mussten. Und trotz dieser bewusst demütigenden Prozedur »sind sie danach in einen Blumenladen gegangen, haben eine Blume geholt, sind zu dem Bereitschaftspolizisten zurückgegangen und haben gesagt: ›Weil Sie so freundlich waren.‹ Das sind für meine Begriffe Erinnerungswerte, die wir gerne weitergeben möchten.«

Aber solche positiven Erinnerungen haben eben nichts mit einer vermeintlich positiven Wirkung des Staates zu tun, wie Roland Jahn ausdrücklich feststellte: »Es war nicht das politische System, das positiv gewirkt hat. Der Zusammenhalt, die Menschen, die mit der Diktatur umgehen, das ist das Positive und nicht die DDR als System.« Der erfolgreiche Journalist brachte es auf eine knappe, eindringliche Formel: »Wir hatten in der DDR auch schönes Wetter, auch in der Diktatur scheint die Sonne.« Für eine Verklärung der Zustände im SED-Staat bieten solche Erfahrungen, das machte Jahn unmissverständlich klar, keinen Ansatzpunkt. Gerd Poppe sekundierte ihm: »Natürlich haben wir unser Leben gelebt, wir haben unsere Kinder großgezogen. Wir haben auch sehr viel Spaß gehabt, ob in den Oppositionsgruppen oder außerhalb – je nachdem. Aber etwas Positives vom Staat DDR gibt es trotzdem nicht zu berichten. Auch nicht das sogenannte Sozialsystem und auch nicht die angebliche Vollbeschäftigung, die nämlich gar keine war, sondern sozusagen zu weiten Teilen auf kollektiver Untätigkeit beruhte.« Dagegen hob er eine andere lobenswerte Wirkung hervor, die das SED-System nachträglich und ganz gegen den eigenen Ansatz eben doch gehabt hat: »Wenn es also Positives gibt, dann ist es unser heutiger Umgang, Diktaturen aufzuarbeiten, sodass sie nie wieder geschehen können. Es ist unsere Aufgabe zum Beispiel ja auch in der Bundesstiftung zur Aufarbeitung der SED-Diktatur und in anderen Zusammenhängen, uns mit den beiden deutschen Diktaturen zu befassen, die wir erlebt haben oder unsere Eltern oder Großeltern. Das ist notwendig, um die Demokratie zu stärken. Und es ist deshalb etwas, was uns als Aufgabe bleibt.«

v. l. n. r.: Michael Beleites, Ehrhart Neubert, Gerd Poppe, Sven Felix Kellerhoff

IM GESPRÄCH

Moderator:	Herr Bretschneider, Sie verweigerten den Wehrdienst in der DDR und wurden ein sogenannter Bausoldat. Was war das für eine Situation, in der Sie sich als studierter Theologe plötzlich in Uniform auf der Baustelle wiederfanden und schuften durften?
Harald Bretschneider:	Diese Situation war deswegen ungewöhnlich, weil ich eigentlich erklärt hatte, dass ich den Wehrdienst völlig verweigern werde. Ich habe aber auch gesagt, dass ich bereit bin, die DDR ökonomisch zu stärken. Deswegen war ich nach meinem Theologiestudium auf Großbaustellen der DDR gegangen und hatte da als Hilfsarbeiter zu arbeiten begonnen, mit den Bauarbeitern zusammengelebt und Zimmermann gelernt. Als die Bauarbeiter erfuhren, dass ein Pastor auf dem Bau ist, hat das für Furore gesorgt, und plötzlich haben die Stasi und die Wehrbezirkskommandanten gesagt: »Der muss von diesen Baustellen weg«. Dann haben sie mich zu den Bausoldaten einberufen mit dem Spaten auf dem Schulterstück – übrigens dem wunderbarsten Zeichen, was es in dieser komischen Situation überhaupt gab. Denn der Spaten war damals noch goldfarbig. Das war fast ein Generalsrang im Gegensatz zu allen anderen.
Schüler:	In der Truman-Doktrin wurde durch die USA festgelegt, dass sie weltweit Friedensbewegungen unterstützen wollen. Wie konnte die USA die Friedensbewegung in der DDR unterstützen?
Gerd Poppe:	In der Tat war es außerordentlich wichtig, Unterstützung zu erhalten, und zwar durchaus aus aller Welt. Es war weniger die US-Regierung – obwohl der damalige Präsident Jimmy Carter hat einiges geleistet, was den Kampf gegen Menschenrechtsverletzungen weltweit anging –, aber es waren im Wesentlichen andere Menschen aus den westeuropäischen Ländern, aus der Bundesrepublik. Leute, die sich zum Beispiel wie wir gegen die Aufstellung der Raketen wendeten in den frühen achtziger Jahren, und Menschenrechtsorganisationen. Meine Wohnung ist jahrelang der Anlaufpunkt gewesen für viele dieser Besucher aus dem Ausland, auch aus dem westlichen Ausland. Jenseits dieser

Kontakte zu Besuchern wollten wir aber auch die Öffentlichkeit erreichen. Das heißt, wir brauchten Druck-/Kopier-Maschinen. Sie wurden uns aus dem Westen gebracht, zum Beispiel von Leuten, die einen Diplomatenpass hatten. Ich nenne als besonderes Beispiel Petra Kelly, damalige Grünen-Abgeordnete. Sie hat uns das erste Kopiergerät gebracht. Ähnlich war die Unterstützung durch einige Journalisten. Der damalige Spiegel-Journalist Ulrich Schwarz hat jede Woche seinen Kofferraum vollgepackt mit Material, nicht zuletzt auch mit der gedruckten Ausgabe des Spiegels, die man selbstverständlich in der DDR nicht bekommen konnte. Die Unterstützung bestand natürlich einmal in diesen technischen Dingen, zum anderen aber vor allen Dingen in der Solidarität. Ich glaube, diese ganze internationale Zusammenarbeit mit West und Ost ist ein Schlüssel zum Verständnis, wie diese kleinen Oppositionsgruppen letztendlich Bedeutung erlangen konnten. Allein aus eigener Kraft hätten sie das nicht geschafft. Sie brauchten diese Solidarisierung.

Ehrhart Neubert: Der Staat oder die Stasi haben natürlich immer versucht nachzuweisen, dass Oppositionelle im Auftrag oder angebunden an die westlichen, vor allen Dingen amerikanischen Geheimdienste, tätig sind. Das sind alles Legenden. Ich weiß nicht, ob es unter den DDR-Oppositionellen einen amerikanischen Spion gegeben hat, aber ich kann mir das nicht vorstellen, denn wir waren im politischen Bereich oft isoliert. Auch die westliche offizielle Politik hat viele Sachen, die wir gemacht haben, nicht ernst genommen oder als nicht wünschenswert betrachtet. Es ist vorgekommen, und das muss man sich einmal vorstellen, dass westeuropäische und westdeutsche Politiker nach Polen gefahren sind oder in die DDR zu offiziellen Besuchen, die Opposition jedoch total ignoriert haben. Es gab dankenswerterweise aus der Bundesrepublik vor allen Dingen Grüne, ein paar Sozialdemokraten und auch ein paar Christdemokraten, die Besuche bei Oppositionellen gemacht haben. Aber wenn die Stasi rausgekriegt hätte, dass jemand aus dem Westen gesteuert worden wäre, hätte derjenige ganz viele Jahre im Zuchthaus geschmort. Das konnten sie aber nicht nachweisen.

Ehrhart Neubert

Schüler:	Gab es Momente, in denen Sie an Ihrer oppositionellen Haltung gezweifelt haben, weil die Gefahr besonders groß war, von der Stasi verhaftet zu werden?
Ruth Misselwitz:	Also natürlich gab es ganz oft Situationen, wo man gesagt hat, also das halte ich überhaupt gar nicht durch und das geht auch nicht mehr so weiter. Es gab auch Zeiten, in denen man das Gefühl hatte, man kommt keinen Schritt weiter, sondern es geht vielleicht eher wieder rückwärts. Zudem gab es das Gefühl, isoliert zu sein in dieser Gesellschaft. Wir waren eine Minderheit, das muss man einfach sagen. Die große Bevölkerungsmehrheit hat uns ganz kritisch gesehen. Wie waren ja die Störenfriede. Wir waren weder vom Westen noch vom Osten so richtig einzuordnen. Kraft haben wir immer daraus geschöpft, dass wir dann eben uns in diesen Gruppen Mut zugesprochen haben.

Ruth Misselwitz, Harald Bretschneider

| Roland Jahn: | Mich bewegt die Frage, ob man mal gezweifelt hat, da wir immer so rüberkommen, als ob wir die Helden sind und Widerstand geleistet haben. Es mag sein, dass wir am Ende gewonnen haben, aber jeder hatte wahrscheinlich seine Momente gehabt, in denen wir gezweifelt haben und in denen wir am Boden waren. Wo wir gesagt haben, das hat doch alles keinen Sinn mehr. Bei mir war das hauptsächlich im Knast. Ich habe immer den coolen Typen gespielt und immer der Held sein wollen, und dann saß ich hinter Gittern. |

Roland Jahn

Und in solchen Momenten bist du ganz klein. Das ist das, was funktioniert hat: Diese Repression, diese tausende Häftlinge, wie man versucht hat, Menschen kaputt zu machen. Und es funktionierte speziell dann, wenn du mitkriegst, es geht ja nicht nur um dich, nicht nur um dein eigenes Handeln, sondern es geht um deine ganze Familie. Weil ich politisch aktiv war und in den Knast gekommen bin, ist mein Vater aus dem Fußball-Club Carl Zeiss Jena rausgeschmissen worden. Und das Ende war, dass er einen Herzinfarkt gekriegt hat. Ich zerstöre das Leben anderer, weil ich politisch aktiv bin. Mit diesem Selbstzweifel frage ich mich heute noch, ob es richtig war, so radikal zu sein, wenn andere darunter leiden.

Gerd Poppe:

Es betraf einen auch immer dann, wenn die Freunde verschwanden. Es hat ja mehrere Ausreisewellen gegeben; ich habe zweimal meinen kompletten Freundeskreis dadurch verloren. In den 1980er Jahren blieb es dann relativ stabil, dann hatten wir eher die Sorge, ob sie ihre Macht vielleicht an unseren Kindern auslassen.

Schülerin:

Sie mussten ja auch viele Risiken und Gefahren einstecken. Würden Sie aus heutiger Sicht noch einmal genau dasselbe tun?

Michael Beleites:

Natürlich stand immer die Gefahr der Inhaftierung im Raum. Und in diesem Rahmen bewegte man sich. Es war bekannt, dass man sich – trotz der bestehenden Gesetze und des Rechtssystems – nicht darauf verlassen konnte, wie welcher Paragraf ausgelegt werden würde. Das wurde von Fall zu Fall von der SED vorgegeben und diese Vorgaben waren natürlich nicht bekannt. Man konnte sich nur daran orientieren, ob es noch andere gibt, die mehr gewagt haben, die noch frei sind. Und sich dann sozusagen an diese Grenze herantasten. Für uns war klar, dass Öffentlichkeit hier ein Schutz sein kann. Deswegen hatte ich meine Dokumentation über die Folgen des Uranbergbaus auch sehr früh ganz gezielt in den Westen gegeben. Ich hatte meine Arbeit zuerst ganz geheim gehalten, sie dann aber an westliche Journalisten

Michael Beleites

gegeben. Damit war der Stasi klar, dass alles, was sie jetzt mit mir veranstalten, ebenso bekannt wird wie diese Dokumentation.

Es gab in der DDR nicht nur das Repressionsinstrument Inhaftierung, sondern es gab auch die sogenannten Zersetzungsmaßnahmen, wie die Stasi das nannte. Und das war eine besonders perfide Methode, die für Außenstehende nicht erkennbar war. Da hieß es in der Richtlinie schon: Die Organisierung der Diskreditierung des öffentlichen Rufes unter Verwendung wahrer, aber auch falscher Angaben. Das heißt zu Deutsch: Gerüchte streuen. Hinzu kam die systematische Organisierung beruflicher Misserfolge. Das alles zusammen machte sich auf diffuse Weise bemerkbar. Man wurde nicht nur ständig verfolgt und überwacht, sondern – wie in meinem Fall – durfte nicht studieren, bekam aber dafür nie eine Begründung. Es gab Gerüchte, es gab inszenierte Drohbriefe und so weiter. Und man lebte in einer Situation, in der man nicht nur unter ständiger psychischer Anspannung war wegen diesem diffusen Psychoterror, sondern in der man bei allem, was man tat oder nicht tat, immer im Hinterkopf haben musste: Wie können die das jetzt gegen mich verwenden?

Schüler im Gespräch mit Gerd Poppe

POLITISCHE HAFT IN DER SBZ / DDR

Hans Corbat, Karl Wilhelm Fricke, Uwe Kaspereit, Thomas Raufeisen und Erika Riemann im Gespräch mit Schülerinnen und Schülern des Schiller-Gymnasiums Bautzen (Sachsen) und der Gesamtschule Konradsdorf (Hessen), moderiert von Oliver Reinhard.

18. JUNI 2007, GEDENKSTÄTTE BAUTZEN

Entlassungsschein

Name: **Fricke**
. Vorname: **Karl, Wilhelm**
geb. am **03.09.29** in **Hoym**
wurde am **31. März** 19**59** aus der ~~XXX~~ StVA /
~~XXXXXXX~~ **Bautzen** nach **Berlin -**
Steglitz entlassen.
Verpflegung wurde ausgehändigt bis
Fahrkarte bis zum Entlassungsort ausgehändigt. **31.03.59**
Ein Betrag in DM der Deutschen Notenbank in Höhe
von DM **5.00** ausgehändigt.
Ein Betrag in DM der Bank Deutscher Länder in Höhe
von DM ausgehändigt.
Er~~XX~~ ist nicht im Besitz eines gültigen Personalausweises.

Unterschrift der VP-Meldestelle
Der Entlassungsschein hat Gültigkeit bis **03.04.1959** (3 Tage) und berechtigt
zur Fahrt nach **Berlin-Steglitz**

SV 29 (w)   504 E 2212   Ag 464/56

Ober ... olkspolizei   b. w.

OLIVER REINHARD

»DAS KANN MAN NICHT
VERGESSEN«

*Teilnehmer der Gesprächsrunde, v. l. n. r.: Hans Corbat, Erika Riemann, Oliver Reinhard (Moderator),
Karl Wilhelm Fricke, Uwe Kaspereit, Thomas Raufeisen*

Die sächsische Kleinstadt Bautzen ist einer jener Orte, den Reiseführer gerne als »Perle« bezeichnen, und das nicht zu Unrecht. Gelegen mitten in der idyllischen Oberlausitz, imponiert Bautzen dem Besucher schon von Weitem durch seine vielen historischen Kirch- und Stadttürme.

Beim Näherkommen erkennt man den mittelalterlichen Charakter, beim Betreten staunt jeder über die sensibel restaurierte Altstadt mit ihren verwinkelten Gassen und romantischen Bürgerhäusern, die sich dicht an dicht um den 800-jährigen Dom Sankt Petri zu schmiegen scheinen, einen gotischen Simultanbau mit katholischem und evangelischem Altar. Vom einst allgegenwärtigen Verfall ist hier keine Spur mehr, das Grau der DDR-Zeit ist längst hellen und freundlichen Farben gewichen, das bunte Leben hat wieder Einzug gehalten. Nicht von ungefähr gehören die 41.000 Bewohner von Bautzen selbst zu jenen Menschen, die ihrer Stadt und damit ihrer Heimat mit Stolz begegnen. Sie sind stolz auf ihre Schönheit, stolz auf die reiche und vielfältige Kultur, stolz auf die hohe Lebensqualität, auf stetig steigende Beschäftigungszahlen, auf die wachsende Anziehungskraft der blühenden Stadt.

Stadtansicht Bautzen, 1992

Sperriges Vermächtnis
im Halbschatten
der Geschichte

Doch wie jeder Ort mit bewegter Historie hat auch Bautzen mehrere Seiten. Besonders über eine redet mancher hier nur ungern, und nicht wenige sähen es am liebsten, wenn man sie im Halbschatten der Geschichte ließe und sich stattdessen ausschließlich der Zukunft zuwenden würde. Die aber ist auch hier ohne Vergangenheit nicht zu haben. Ihr sperrigstes Vermächtnis lauert im Osten der Altstadt in einem mächtigen Gründerzeitkomplex aus dem Jahr 1906 und trug bis 1989 den Namen »Bautzen II«. So hieß jene Haftanstalt, die von 1956 bis 1989 als Hochsicherheitsgefängnis für sogenannte Staatsverbrecher diente. Unweit davon lag ein zweites Gefängnis, das sogenannte »Gelbe Elend«, Bautzen I. Es war von 1945 bis 1950 ein Speziallager der sowjetischen Geheimpolizei und wurde 1950 an die Volkspolizei der DDR übergeben. Zunächst waren dort Personen inhaftiert, die dem NS-Regime nahegestanden hatten, und später verstärkt Personen, die durch sowjetische Militärtribunale (SMT) unter Verletzung aller rechtsstaatlichen Normen zu hohen Haftstrafen verurteilt worden waren. So saßen in Bautzen I zwar NS-Funktionsträger, aber vor allem sozialdemokratische und bürgerliche Gegner des stalinistischen Systems sowie viele willkürlich Festgenommene unter unmenschlichen Be-

Justizvollzugsanstalt Bautzen: Die Haftanstalt Bautzen I, wegen der gelben Backsteinfassade auch »Gelbes Elend« genannt, wurde von 1945–1950 als sowjetisches Speziallager genutzt.

Blick in den Hauptzellen- trakt der Haftanstalt Bautzen II (2007)

dingungen ein. Davon zeugt auch die hohe Zahl von mindestens 2.800 Toten, die sich allein für die Zeit bis zur Übergabe des Lagers an die deutsche Volkspolizei im Jahr 1950 belegen lassen.

In Bautzen II kamen in den 33 Jahren des Bestehens des »Stasi-Knastes« insgesamt 2.350 Strafgefangene in Haft, 80 Prozent von ihnen aus politischen Gründen. Darunter waren so prominente – und teilweise von der Stasi aus dem Westen entführte – Regime- gegner wie Rudolf Bahro, Georg Dertinger, Karl Wilhelm Fricke, Wolfgang Harich, Walter Janka und Erich Loest. Ihre tatsächlichen oder angeblichen »Vergehen« reichten von »Spionage«, »Sabotage« und »Geheimnisverrat«, »staatsgefährdender Propaganda und Hetze« sowie »Wirtschaftsverbrechen« über »Vorbereitung zur Republikflucht«, »unge- setzlichen Grenzübertritt« und »konterrevolutionäre Gruppenbildung« bis zu »staats- feindlichem Menschenhandel«, »Abwerbung von DDR-Bürgern« (in die Bundesrepublik, d. Verf.) und »ungesetzlicher Kontaktaufnahme«. Wo es keine Beweise gab, was in vielen Gerichtsverfahren der Fall war, wurden sie kurzerhand konstruiert, um zum gewünsch- ten Urteil zu gelangen, das immer in mehrjährigen Haftstrafen bestand und bis zu »Lebenslang« lauten konnte.

Den Alltag der Insassen kennzeichneten Willkür, Gängelung, ständige Überwachung und die Degradierung zu Menschen ohne Privatsphäre, die jahrelang auf engstem Raum leben mussten. Alle Häftlinge waren faktisch rechtlos und mussten bei geringsten Verstößen gegen die rigide »Hausordnung« mit harten Strafen rechnen wie Unterbringung in Arrestzellen, Anketten, Einschränkungen oder Entzug von Außenkontakten. Die primitiv eingerichteten und schlecht beheizten Zellen maßen sechs Quadratmeter und waren für gewöhnlich mit zwei Personen belegt, die dort auch ihre Notdurft verrichten mussten. Andere verbrachten Jahre in Einzelhaft, in völliger Isolation. Auch sie mussten Zwangsarbeit verrichten. Das Essen und die hygienischen Bedingungen waren unzureichend bis katastrophal – Strafvollzug ging vor Gesundheit. Neben der körperlichen stand auch kulturell-pädagogische Arbeit auf dem Tagesprogramm in Form von Schulungen, Vorträgen und »politisch-aktuellen Gesprächen«. Schließlich sollte der Strafvollzug in der DDR, auch die Haft in Bautzen II, einen »erzieherischen Charakter« haben. Ein Gedanke, der gleichwohl vom Prinzip der Unterdrückung überlagert wurde. Diese hatte in Bautzen II oft die Form von psychischem Terror wie Drohungen und Einschüchterungen, ständigen Verhören und Schlafentzug. Solchen Strapazen waren viele Häftlinge nicht gewachsen. Sie wurden krank, manche begingen Selbstmord. Zahllose leiden noch heute, beinahe 20 Jahre nach der Entlassung der letzten Insassen aus Bautzen II, an den Folgen ihrer Haft. Zwar verbesserten sich die Haftbedingungen hier und in den übrigen DDR-Gefängnissen über die Jahre. Dennoch blieben sie menschenunwürdig.

Das Stasi-Gefängnis Bautzen II war ein zentraler Haftort für viele politische Gefangene in der DDR. Hier waren u. a. auch inhaftiert: v. o. n. u. Rudolph Bahro, Georg Dertinger, Wolfgang Harich, Walter Janka, Erich Loest.

Häftlingskleidung in Bautzen II

»Wer Bautzen hört, der denkt an Knast«, so titelte vor Jahren schon die »Sächsische Zeitung«, und tatsächlich symbolisiert kein anderer Haftort die Verfolgung und Inhaftierung politischer Gegner und damit die Unrechtsjustiz der DDR mit ähnlicher Eindringlichkeit. Oder, wie es der Journalist und ehemalige Häftling Karl Wilhelm Fricke ausdrückt: »Der Unrechtsstaat DDR nahm im Mikrokosmos Bautzen II konkrete Gestalt an.«

Heute erinnert am Ort dieses Unrechts die in der Stiftung Sächsische Gedenkstätten organisierte »Gedenkstätte Bautzen« an die Geschichte und das Leid der Opfer der Haftanstalt. Sie ist eine der wichtigsten und meistbesuchten Institutionen ihrer Art in ganz Ostdeutschland. Ihre Mitarbeiter dokumentieren seit 1994 die Historie des »Stasi-Knastes« in zahlreichen Publikationen und einer sich ständig erweiternden Ausstellung. Mit einigem Erfolg: Im Jahr 2007 stieg die Besucherzahl auf die Rekordhöhe von 87.000, der hervorragende Ruf der Gedenkstätte in der Bevölkerung, in Fachkreisen, in den

Medien und der Politik ist das Resultat intensiver, diskursiver und hartnäckiger Arbeit, die sich in vielen Publikationen und zahllosen Veranstaltungen niederschlägt. Besonderen Wert legen die Mitarbeiter auf gemeinsame Projekte mit Opferverbänden und Jugendlichen und pflegen intensive Kontakte zu Schulen aus Bautzen sowie der gesamten Bundesrepublik.

GEDENK
STÄTTE
BAUTZEN

Das frühere Gefängnis Bautzen II beherbergt heute eine Gedenkstätte für beide Bautzener Haftanstalten.

Doch die Aufgaben der Gedenkstätte werden nicht weniger. Die in den letzten Jahren wieder deutlich spürbare Tendenz in Teilen der Bevölkerung, das SED-Unrecht zu verdrängen oder gar die Vergangenheit schönzufärben, misstönt in der Gegenwart als anhaltendes Alarmsignal. Wie wichtig das weitere intensive Bemühen um Aufklärung ist und bleibt, zeigt das Ergebnis einer Umfrage, die die Mitarbeiter der Gedenkstätte Bautzen unlängst unter hunderten Schülern im Alter von 14 und 15 Jahren durchführten, die Bautzen II besucht hatten: Obwohl sie dort viel über die SED-Diktatur erfuhren und sich gut informiert fühlten, glauben 61 Prozent der Befragten, über die DDR werde nur schlecht geredet, um die Ostdeutschen schlechtzumachen. Fast 25 Prozent bedauern, dass dieser Staat nicht mehr existiert. Zehn Prozent glauben, die DDR-Regierung sei demokratisch gewählt worden. Und 38 Prozent der befragten Schüler aus Ostdeutschland halten die Stasi für einen Geheimdienst, wie ihn jeder Staat hat.

Das Ergebnis einer Umfrage: 61 Prozent der befragten Schüler glauben, über die DDR werde nur schlecht geredet, um die Ostdeutschen schlechtzumachen.

Es gab mithin mehr als genug Gründe für den Bundespräsidenten Horst Köhler und die Bundesstiftung zur Aufarbeitung der SED-Diktatur, sich für eine Veranstaltung der gemeinsam 2007 und 2008 durchgeführten Reihe »Für Freiheit und Demokratie« aus Berlin heraus und nach Bautzen zu begeben, um zum Gespräch über »Politische Haft in der SBZ/DDR« in die dortige Gedenkstätte zu laden. »Ich will und möchte dazu beitragen«, erklärte der Bundespräsident in seiner

Begrüßung, »dass sich die jungen Menschen – Schülerinnen und Schüler – und auch alle Menschen auseinandersetzen mit diesem Teil deutscher Geschichte durch eigene Erfahrungen vor Ort wie hier in der Gedenkstätte Bautzen ... Die Stiftung Aufarbeitung und ich veranstalten daher diese Gesprächsrunden nicht nur, weil es uns wichtig ist, dass die SED-Diktatur nicht in Vergessenheit gerät. Wir wollen auch nicht, dass sie in verzerrte Erinnerung gerät«.

Bundespräsident Horst Köhler bei der Führung durch die Gedenkstätte Bautzen mit Silke Klewin (Gedenkstättenleiterin)

Vor der Debatte besichtigte der Bundespräsident zusammen mit einigen ehemaligen Häftlingen die Ausstellung und den Gefangenentrakt der ehemaligen Haftanstalt. In den Tagen vor der Veranstaltung hatten dies auch die anwesenden 45 Schülerinnen und Schüler des Bautzener Schillergymnasiums und der Gesamtschule aus Konradsdorf in Hessen getan, die sich in gemeinsamen Workshops auf das Gespräch vorbereitet hatten. Sie alle sahen die bedrückend engen Flure, die winzigen vergitterten Zellen, die kleinen Fenster. Und sie bekamen eine entfernte Ahnung, einen plastischen Eindruck davon, wie die untergegangene Diktatur mit ihren vermeintlichen und tatsächlichen Gegnern umging. Mit Menschen, die manchmal einfach nur ihre Meinung frei äußern, Kritik üben oder selbst entscheiden wollten, wo sie lieber leben.

Rainer Eppelmann, Vorstandsvorsitzender der Bundesstiftung Aufarbeitung, formulierte es in seinem Grußwort so: »Wer als politischer Häftling in einem Gefängnis der DDR einsaß, tat dies oft, weil er sich auf durchaus unterschiedliche Art und Weise für Freiheit und Demokratie engagiert hatte.«

Wie die fünf geladenen Podiumsgäste, die die Härte des Unrechts in der DDR am eigenen Leibe spüren mussten, zu unterschiedlichen Zeiten und aus unterschiedlichen Gründen, aber vereint durch ähnliche Erfahrungen, durch ähnliches Leid: Alle waren politische Häftlinge, alle waren sie in Bautzen eingesperrt. Zwei von ihnen mussten die Torturen der Gefangenschaft im Speziallager Bautzen I durchleben: Erika Riemann und Hans Corbat. Für die heute 77-jährige Erika Riemann war Bautzen I jedoch nur eine Station von mehreren in ihrer langen Haft, die sie auch im ehemaligen NS-Konzentrationslager Sachsenhausen und im Frauengefängnis Hoheneck verbrachte.

Eine Schleife aus Lippenstift an Stalins Bart]

Sie war 14 Jahre alt und noch ein Schulmädchen, als sie einen Fehler beging, der sie um ihre Jugend brachte. Als sie eines Tages kurz nach Kriegsende mit ein paar anderen Jugendlichen ihre gerade wieder hergerichtete Schule in Mühlhausen besichtigte, fiel ihr Blick auf ein Bild von Stalin, genau an jener Stelle, an der bis vor kurzem ein Hitler-Porträt hing. Mit den Worten »Du siehst ja ziemlich traurig aus« trat sie an das Bild heran und malte mit ihrem Lippenstift eine Schleife um den Schnauzbart. Erika Riemann wurde denunziert, verhaftet und für diesen Kinderstreich zu zehn Jahren Gefängnis verurteilt. »Ich habe anfangs gar nicht begriffen, was mit mir geschah, überhaupt nicht«, erinnert sie sich. »Ich habe gedacht, es ist ein Scherz, was die hier mit mir machen. Das ist irgendwie wohl ein kleiner Denkzettel.« Dass der Richter durchaus nicht scherzen oder ihr einen Denkzettel verpassen wollte, hat Erika Riemann erst viele Monate später realisiert, »als ich aus der Einzelhaft raus war und dann im Lager mit anderen Häftlingen zusammenkam. Da wusste ich dann, dass es bitter ernst war.«

J. W. STALIN

*Porträt des sowjetischen
Diktators J. W. Stalin, 1945*

Acht Jahre – 1946 bis 1954 – büßte sie für diese Nichtigkeit als »Feindin der Sowjetunion« in verschiedenen Gefängnissen. Das war kein Einzelfall, sondern ein eher typisches Vorgehen der Sowjetischen Militäradministration, die in den ersten Jahren nach dem Krieg auch gegen jugendliche vermeintliche »NS-Werwölfe« oder Saboteure regelrecht paranoid und mit brutaler Härte vorging. »Ich war immer die jüngste Insassin«, sagt Erika Riemann, »die anderen waren immer ein oder zwei Jahre älter. Wegen eines Witzes ist sogar eine ganze Gruppe verhaftet und zu 25 Jahren verurteilt worden: Ein kleines Mädchen steht vor dem Stalinbild, hat ein Büschel Gras in der Hand und sagt: ›Beiß doch mal rein, beiß doch mal rein!‹ Da kommt ein älterer Herr vorbei und sagt: ›Sag mal, warum soll denn der Stalin da reinbeißen?‹ Die Kleine antwortet: ›Meine Mama hat gesagt, wenn er ins Gras gebissen hat, dann geht es uns besser.‹ Jeder freute sich damals darüber.« Bis jemand einen der Witzerzähler der Polizei meldet. »Fünf Leute wurden sofort verhaftet«, erinnert sich Erika Riemann, »und zu 25 Jahren verurteilt. Die traf ich alle im Lager Sachsenhausen wieder – und lange hat keiner von ihnen überhaupt gewusst, wo sie dort waren und weswegen man sie eingesperrt hatte.«

Die Haftanstalt Hoheneck im sächsischen Stollberg war das größte Frauengefängnis der DDR. Hier war auch Erika Riemann inhaftiert.

Nach den Stationen Bautzen und Sachsenhausen verlegte man Erika Riemann nach Hoheneck, ein Gefängnis nur für Frauen. Das war für sie zunächst ein Grund zur Euphorie. »Wir sind damit ja von den Russen übergeben worden an die deutsche Volkspolizei, und da hatten wir natürlich die Hoffnung: Jetzt sind wir bei den Deutschen, jetzt werden unsere Urteile geprüft. Jetzt wird man feststellen, dass wir doch unschuldig sind. Wir wurden aber sehr enttäuscht. Hoheneck war für so viele Frauen, es waren 1.500 dort angekommen, gar nicht vorbereitet. Die Verpflegung war nicht ausreichend, die Unterkünfte waren nicht ausreichend. Wir schliefen auf der blanken Erde. Die sanitären Einrichtungen waren katastrophal. Das Martyrium ging noch einmal von vorne los. Aber man hatte sich damit abgefunden. Wir sind von den Russen verurteilt worden, und meine Mithäftlinge haben mich aufgeklärt und gesagt: Wir haben den Krieg verloren, die Russen haben ein gewisses Recht dazu. Nun gut, habe ich mir gedacht. Aber nun bei den Deutschen? Was habe ich denn damit zu tun?« Ein älterer Offizier der Volkspolizei hat es ihr »erklärt« mit den Worten: »Du altes Nazi-schwein, du sitzt zu Recht hier.«

> Die enttäuschte
> Hoffnung auf
> bessere Behandlung
> durch die Deutschen

Erika Riemann war 23, als sie entlassen wurde. Man hatte ihr die Jugend geraubt. »Das kann man nicht vergessen, höchstens verdrängen«, sagt sie. »Mir fehlt die Pubertät. Die Pubertät ist ja so was Wichtiges im Leben. Das musste ich erfahren, als ich verheiratet war, selbst Kinder hatte und mit ihnen nicht so gut umgehen konnte, wie ich es vielleicht gemacht hätte, wenn ich langsam erwachsen geworden wäre. Es ist ein ganz wichtiger Zeitabschnitt, der ist niemals wieder aufzuholen. Was man dann auch in der Erziehung selber an Fehlern macht, kann man im Alter nicht mehr aufholen.« Erst mit über siebzig Jahren schaffte es Erika Riemann, ihre schreckliche Geschichte aufzuschreiben. Ihr Buch »Die Schleife an Stalins Bart«, mit dem sie häufig auf Leserreise geht, ist ein schonungsloser Bericht über die vielen Stationen der Gefangenschaft, der Befreiung und der schwierigen Jahre danach.

Wie Erika Riemann geriet auch der 1926 in Berlin geborene Hans Corbat schon in der frühen Nachkriegszeit in die Mühlen der Unrechtsjustiz. Er trat 1945 der neu gegründeten SPD bei und widersetzte sich 1946 offen der Zwangsvereinigung seiner Partei mit der KPD zur SED. Dafür wurde er von einem sowjetischen Militärtribunal wegen »Spionage und konterrevolutionärer Propaganda« – damals Standardvorwürfe und Standardurteilsbegründungen – zu 20 Jahren Freiheitsentzug in einem Arbeits- und Erziehungslager verurteilt. »Wenn man sich gegen die Zwangsvereinigung äußerte und außerdem offen kritisierte, dass sie auf Wunsch der Besatzungsmacht geschah, war das schon antisowjetische Propaganda. Und Spionage war es deshalb, weil angeblich kein Deutscher von sich aus auch nur auf die Idee käme, aus der SPD auszutreten, ohne von einer ausländischen Macht den Auftrag dazu erhalten zu haben«, sagt Hans Corbat.

Die Zwangsvereinigung von KPD und SPD zur SED 1946 in der Sowjetischen
Besatzungszone führte zu zahlreichen Protesten in der Bevölkerung.

> Der Hunger überlagerte alles. Er bestimmte unser Leben, man konnte nichts dagegen machen.

Seine Strafe verbüßte er im »Gelben Elend«, im Speziallager Bautzen I. Dort saßen ehemalige nationalsozialistische Täter, Mittäter und Mitläufer ein, aber überwiegend Sozialdemokraten wie Corbat und liberale oder christliche Gegner des Stalinismus. »Viele Häftlinge starben an Hunger und Tuberkulose«, erklärt Hans Corbat. Vor allem der Hunger überlagerte alles. »Er bestimmte unser Leben, man konnte nichts dagegen machen.« Der Hunger war eine zwangsläufige Folge der knappen und nahezu vitaminlosen Essensrationen, die laut Corbat »unter dem Existenzminimum lagen«. Die entkräfteten Insassen waren natürlich höchst anfällig für Krankheiten. Ein Weiteres besorgten die katastrophalen hygienischen Verhältnisse. Die medizinische Versorgung war völlig unzureichend, die Zellen und bald die Häftlinge waren voller Wanzen und Flöhe. Viele, darunter 1948 auch Hans Corbat, erkrankten an Tuberkulose. »Da diese Krankheit gleichsam schmerzlos ist, war sie nur schwer zu erkennen. Dauernder Hustenreiz oder, wie bei mir, auch Blutstürze waren späte, aber sichere Anzeichen. Anfällig waren alle, denn alle waren unterernährt.« Häufig wurde die TBC erst dann erkannt, als kaum noch Rettung möglich war und manche Häftlinge bereits nach wenigen Tagen tot waren. Sobald die Anstaltssanitäter bei einem Gefangenen annahmen, »dass es mit ihm nichts mehr wird«, wurde der Häftling ins Lazarett gebracht, wie man das Haftkrankenhaus innerhalb des Gefängnisses nannte, um ihn dort sterben zu lassen. »Die Sowjets hatten Angst, dass ein Massensterben in den Sälen und Zellen die Häftlinge dazu bringen könnte, zu allem entschlossen vielleicht einen Aufstand oder Massenausbruch zu wagen«, vermutet Hans Corbat. Aber nicht nur Krankheiten führten zum Tode: »Der Hunger und die Angst, bald auch auf der Trage hinausgeschleppt zu werden, wühlte bei manchen so sehr im Gehirn, dass sie nicht mehr klar sehen konnten. Einige verloren den Verstand.« 2.800 Tote sprechen eine grausame Sprache. Hans Corbat vermutet, dass die tatsächliche Zahl noch höher war: »Diese offizielle Angabe scheint mir zu niedrig gegriffen. Denn sie beruht auf einer Liste, die das Deutsche Rote Kreuz vom sowjetischen Roten Kreuz bekommen hat und an deren Vollständigkeit alle zweifeln, die das Sterben in Bautzen I miterlebt haben. Auch ich zweifele daran.«

Hans Corbat hatte Glück; er genas von der Tuberkulose. Am 16. Februar 1950 wurde er mitsamt allen anderen Insassen sowjetischer Speziallager an die »Organe der Deutschen Demokratischen Republik« zur »weiteren Verbüßung der gerechten Strafe«

übergeben. Doch sein Leidensweg war noch lange nicht zu Ende. Erst fünf Jahre später setzte eine sowjetische Kommission seine Haftstrafe auf zehn Jahre herab. Die Gefängnisverwaltung stellte das als einen großzügigen »Gnadenakt des Präsidenten der Deutschen Demokratischen Republik« hin. Hans Corbat wurde am 31. März 1956 entlassen, ging für zwei Tage nach Berlin-Lichtenberg zu seinen Eltern und schließlich nach West-Berlin.

»Vier Jahre nach dem Mauerfall rehabilitierte mich die Militärstaatsanwaltschaft der Russischen Föderation in Moskau und bescheinigte mir in der Urkunde, dass ich grundlos verhaftet und aus politischen Gründen verurteilt wurde«, erzählt Hans Corbat. Das Dokument händigte ihm ein Militär-Oberstaatsanwalt und Oberst der Justiz aus. Eine späte Genugtuung für einen Mann, der zehn Jahre seines Lebens zu Unrecht hinter Gittern verbringen musste. Auch Corbat hat mehrere Bücher veröffentlicht. Der Band über seine Haftzeit heißt »Unruhige Jahre«. 1990 war er einer der Gründer des Bautzen-Komitees und in den folgenden Jahren für lange Zeit der Vorsitzende dieses Interessenverbandes ehemaliger Häftlinge, der heute noch sehr aktiv ist.

Ein Geheimprozess und
vier Jahre Zuchthaus
wegen Boykotthetze

Polizeifoto von Karl Wilhelm Fricke, 1959

Als das letzte Haftjahr von Hans Corbat anbrach, hatte Karl Wilhelm Fricke seine Erfahrungen mit der Unrechtsjustiz der DDR noch vor sich. 1929 im anhaltischen Hoym geboren, floh Fricke im Alter von 20 Jahren nach Westdeutschland. Dort arbeitete er neben dem Studium als Journalist und spezialisierte sich früh auf DDR-Themen, besonders auf politische Verfolgungen. Durch seine Artikel geriet er bald ins Visier der Stasi, die beschloss, Fricke als »Feind der DDR« kaltzustellen – und ihn wie so viele seiner damaligen Leidensgenossen zu entführen, in einer im traurigen Sinne typischen Agenten-Aktion des Kalten Krieges: »Ich hatte mich am 1. April 1955 in West-Berlin mit einem vermeintlichen Flüchtling verabredet, der in Wirklichkeit ein inoffizieller Mitarbeiter der Staatssicherheit war«, erinnert sich Karl Wilhelm Fricke. Der IM lud ihn ein, bei sich zuhause noch einen Schnaps zu trinken. Fricke ging mit, trank mit, »und in einem unbeobachteten Augenblick hat man mir K.o.-Tropfen in das Glas getröpfelt. Ich verlor das Bewusstsein. Nach vielen Stunden, das habe ich später aus dem Einlieferungsbeschluss des zentralen Untersuchungsgefängnisses Berlin-Hohenschönhausen ersehen, es war 23 Uhr des 1. April 1955, bin ich dort eingewiesen worden.« Während seiner 15-monatigen Untersuchungshaft wurde Fricke ständig verhört. »Ich sollte meine Informanten benennen, die man irrtümlich vermutete. Ich hatte keine. Aber das glaubte man mir nicht, und weil ich nicht geständnisfreudig war, wurde ich noch verdächtiger.«

Am 11. Juli 1956 morgens um neun Uhr begann vor dem ersten Strafsenat des Obersten Gerichts der Geheimprozess gegen Karl Wilhelm Fricke. Den Vorsitz des dreiköpfigen Gremiums hatte der Vizepräsident des Obersten Gerichts, zugegen waren ein Vertreter des Staatsanwalts und ein Pflichtanwalt – Friedrich Wolf, der spätere Verteidiger von Erich Honecker – sowie zwei Offiziere und ein Oberfeldwebel der Staatssicherheit zur Bewachung. Das schnell gefällte Urteil lautete auf vier Jahre Zuchthaus wegen Boykotthetze, »weil ich die führenden Politiker der DDR-Regierung und der Partei in gemeiner Weise angegriffen und verleumdet hätte«. Fricke hatte in West-Berlin Zahlen über Auto- und Treibstoffproduktionen in der DDR entgegengenommen. Das Gericht konstruierte daraus ein Spionagedelikt.

Fricke verbüßte seine Haft zunächst in Brandenburg-Görden, dann in Bautzen II. »Das war im Vergleich zu anderen Orten eine Kleinhaftanstalt. Es saßen dort im Durchschnitt ungefähr 145, aber mindestens 80 Prozent politisch verurteilte Gefangene ein, die an-

Entlassungsschein: Nach vier Jahren Strafvollzug wird Karl Wilhelm Fricke 1959 aus der Haft entlassen.

geblich gegen Artikel 6 verstoßen und Staatsverrat begangen hatten, später hieß das Hochverrat«, sagt Fricke. »Wir waren also etwas Besonderes – nämlich aus Sicht der Herrschenden eingefleischte Staatsfeinde.« Fast seine gesamte Zeit in Bautzen II verbrachte er in Einzelhaft, in strenger Isolation, bis zu seiner Entlassung. Das bedeutete: allein auf der Zelle, allein beim Hofgang, allein Arbeiten auf der Zelle. Viele Häftlinge sahen jahrelang keinen Menschen außer den Wächtern, und mit denen war jegliche Unterhaltung verboten. Ab Ende der sechziger Jahre gab es in Bautzen II ganze Isolationstrakte, sogenannte »verbotene Zonen«, zu denen nur ausgesuchtes und besonders zuverlässiges Personal Zugang hatte. Das Ende der Einzelhaft kam bei Karl Wilhelm Fricke erst kurz vor dem Ende seiner »Karriere« in der Anstalt. »Am 31. März 1959 wurde ich nach West-Berlin entlassen. Darauf habe ich Wert gelegt. Man hat mir zwar angeboten, in der DDR zu bleiben, aber es war natürlich albern, auch nur darüber nachzudenken«, sagt Fricke. In West-Berlin wartete seine Freundin. Ein paar Jahre später haben sie geheiratet.

Noch ein spezifisches Merkmal kennzeichnete die Haftanstalt: Sie unterstand der Hauptabteilung 9 des Ministeriums für Staatssicherheit. Ansonsten war der Strafvollzug in der DDR Sache des Ministeriums des Innern. Dieser Umstand hatte auf den Haftalltag erhebliche Auswirkungen: Es gab eine ungewöhnlich hohe Zahl an Spitzeln, die unter den Gefangenen und unter den Bediensteten angeworben wurden. So überzog die Stasi den Komplex mit einem engmaschigen Netz gegenseitiger Überwachung und Kontrolle. Das geschah »zur Durchsetzung der politisch-operativen Interessen des Ministeriums der Staatssicherheit«, wie es in einer Dienstanweisung hieß. Allein im April 1963 waren nur in den Reihen des Personals acht Mitarbeiter als IM verpflichtet. Damit kontrollierte die Stasi in Bautzen nicht nur die Gefangenen, sondern de facto auch sich selbst.

Es gab in der Geschichte der DDR immer wieder Phasen, in denen die Überwachung der Bevölkerung durch die Staatssicherheit besonders intensiviert wurde. Das war in außenpolitischen

Wolf Biermann, regimekritischer Dichter und Sänger, 1973 in seiner Wohnung in der Berliner Chausseestraße: Seine Ausbürgerung in die Bundesrepublik löste eine breite Protestbewegung in der DDR aus.

Krisensituationen wie dem Prager Frühling 1968 ebenso der Fall wie zu innenpolitisch unruhigen Zeiten, etwa dem Jahr 1976. Damals löste die Ausbürgerung von Wolf Biermann eine öffentliche Protestwelle aus. Viele Menschen, darunter etliche Prominente des kulturellen Lebens der DDR, äußerten laut ihren Unmut über den Rausschmiss des Liedermachers während einer Konzertreise durch die Bundesrepublik. Das versetzte die Stasi, die überall »Staatsfeinde« witterte, in Paranoia und regelrechte Hysterie. In dieser Zeit geriet auch Uwe Kaspereit ins Visier der Staatssicherheit. Seine »Vergehen«: Er wollte ausreisen, stellte zwei Anträge, die abgelehnt wurden, und verteilte mit einigen Freunden Flugblätter. Darauf standen fünf Losungen: Kämpft für den Frieden, kämpft gegen Aufrüstung, kämpft gegen Massenverdummung, kämpft für die Einhaltung der Menschenrechte, kämpft gegen Völkerhetze.

DDR-Grenzanlage bei Heinersdorf (Thüringen) 1985: 1.393 Kilometer Grenze teilten Deutschland bis 1989. Zahlreiche Fluchtversuche von DDR-Bürgern scheiterten an den Sperranlagen.

»Wir haben diese Forderungen ganz bewusst so gewählt, dass sie keinen strafrechtlich relevanten Hintergrund hatten«, erinnerte sich Uwe Kaspereit auf dem Podium in Bautzen. »Wir wollten auf uns aufmerksam machen, weil wir frei sein wollten, weil wir ausreisen und übersiedeln wollten. Wir haben diese Art der Dokumentation oder Manifestation unserer Wünsche gewählt, weil wir ja gar keine andere Möglichkeit hatten. Wir hatten Ausreiseanträge gestellt, die wurden abgelehnt, und wir hatten keine andere Möglichkeit, uns gegen diese Entscheidung zur Wehr zu setzen oder eine nächste Instanz anzurufen.« Für Menschen wie Uwe Kaspereit, die das Land verlassen wollten, gab es drei Möglichkeiten: Flucht, Unterordnung oder ein ganz legaler Ausreiseantrag. »Ich habe mich für Letzteres entschieden«, sagt Kaspereit. »Flucht schloss ich aus, es gab Schießbefehl, es gab Selbstschussanlagen, es gab Minenfelder, das war uns allen bekannt. Das wollten wir nicht riskieren. Wir wollten nicht sterben oder zerstückelt werden. Unterordnen wollten wir uns auch nicht. Wir wollten frei denken, frei leben. Das war der entscheidende Grund.«

[Drei Möglichkeiten: Flucht, Unterordnung oder ein ganz legaler Ausreiseantrag. Flucht schloss ich aus, es gab Schießbefehl, es gab Selbstschussanlagen, es gab Minenfelder, das war uns allen bekannt.

Die Flugblätter brachten Uwe Kaspereit neun Monate Haft in Cottbus ein. Seine Entlassung erfolgte unter strengen Auflagen: Auf dem Volkspolizeikreisamt Bützow wurde ihm mitgeteilt, er habe ab sofort Umgangsverbot mit vielen seiner Freunde und Aufenthaltsbeschränkungen. Die bezogen sich vornehmlich auf Gaststätten oder Treffs von Jugendlichen. »Ich bekam nur noch einen vorläufigen Personalausweis, durfte die Stadt nicht verlassen, ohne mich vorher abzumelden, und musste mich einmal in der Woche bei der Polizei melden, um genau zu berichten, wo und wie ich jeden einzelnen Tag verbracht hatte«, sagt Kaspereit. Damit nicht genug: Er hatte zudem die Auflage,

KÄMPFT FÜR DIE
VERWIRKLICHUNG
DER
MENSCHENRECHTE

ARBEITER, KÄMPFT
GEGEN AUSBEUTUNG
UND
UNTERDRÜCKUNG

Flugblatt von
Uwe Kaspereit 1978

Uwe Kaspereit, kurz
vor seiner Verhaftung 1978

in den Abend- und Nachtstunden keine Freunde bei sich in der Wohnung zu beherbergen oder zu empfangen. Kurz: Ihm wurde im Grunde eine Art Stadtarrest aufgelegt. Gleichzeitig versuchte man, ihn weitgehend von anderen jungen Menschen fernzuhalten. Uwe Kaspereit war verzweifelt: »Ich wollte durch meinen Ausreiseantrag in Freiheit kommen und war nun noch mehr eingeschränkt, erst durch die Haft, jetzt auch noch durch diese Kontrollmaßnahmen.« Irgendwann konnte und wollte er sich diesen Auflagen nicht mehr beugen und wagte eine Ausnahme: »Es gab eine Tanzveranstaltung in der Stadt, die ich gerne besuchen wollte, obwohl ich es nicht durfte. Ich habe es trotzdem getan. Wir haben gefeiert und getanzt. Nach einigen Stunden kam die Staatssicherheit und hat mich rausgeholt.«

Kaspereit wurde sofort verhaftet und noch am nächsten Morgen zu vier Wochen Freiheitsstrafe verurteilt, im Schnellverfahren. Die erneute Entlassung erfolgte unter noch weiter verschärften Auflagen. »Die waren für mich so unerträglich, dass ich sie ignoriert habe. Ich wollte meine Freunde besuchen oder mit ihnen umgehen, wie ich es möchte«, erinnert er sich. »Ich werde dahin gehen, wo ich hin möchte. Ich tue keinem Menschen was. Ich habe keinem was weggenommen. Ich habe keinen geschlagen. Ich will frei leben, und es ist mir egal, wenn man mich dann verhaftet.« So kam es. Man verurteilte ihn zu weiteren 15 Monaten, die er nahezu vollständig absitzen musste. Die Bundesrepublik kaufte ihn vier Wochen vor seiner Entlassung frei. Uwe Kaspereit übersiedelte am 21. Mai 1981 nach Hamburg.

Wie bei jedem anderen Geheimdienst erstreckte sich das Agentennetz der Staatssicherheit nicht allein auf das eigene Hoheitsgebiet. Schätzungsweise 6.000 inoffizielle Mitarbeiter waren im Verlauf von vierzig Jahren im Westen eingesetzt. Unter ihnen befand sich Armin Raufeisen, der in Hannover als Abteilungsleiter beim Wirtschaftskonzern Preussag arbeitete. Als im Januar 1979 der Stasi-Offizier Werner Stiller in die Bundesrepublik überlief, wurden etliche DDR-Spione zurückbeordert. Auch Armin Raufeisen, der seine Familie mitnahm nach Ahlbeck auf Usedom. Erst dort erfuhr sein damals 17-jähriger Sohn Thomas, dass sein Vater IM der Stasi gewesen war. »Er hat uns erzählt, dass er ein sogenannter Kundschafter des Friedens ist und vom Ministerium für Staatssicherheit davor gewarnt wurde, dass seine Tarnung auffliegt und wir deswegen in der DDR bleiben müssten aus Sicherheitsgründen«, sagt Thomas Raufeisen. »Wir konnten nicht mehr zurück.« Der junge Mann wähnte sich in einem schlechten Traum. »Es war so unfassbar für mich, dass da plötzlich so ein paar Leute daherkommen und sagen, ich dürfte nicht mehr zurück in meine Heimat. Ich kannte Westdeutschland, ich war westlich sozialisiert mit allem, was man in den 70er Jahren so erleben konnte als Jugendlicher. Und plötzlich musste ich woanders leben, in einer Gesellschaft, die ich als sehr dunkel und grau und unfreundlich empfand. Das war für mich so katastrophal, wie man es sich überhaupt nicht vorstellen kann.« Sein Bruder Michael war schon volljährig, lehnte die DDR-Staatsbürgerschaft ab und durfte in den Westen zurückgehen. Der Rest der Familie musste bleiben.

Haftbefehl gegen Thomas Raufeisen vom September 1981

Doch auch Armin Raufeisen erwachte schon sehr bald. Er war ein verdienter Mitarbeiter der Stasi, man hatte ihm gewisse Vorteile und Privilegien versprochen. Aber das Entscheidende fehlte: »Unsere Freiheit, unsere selbstbestimmte Entwicklung, das, was wir uns eigentlich vorgestellt hatten vom Leben«, erinnert sich sein Sohn Thomas. Die Familie wollte zurück nach Hannover. »Die Verhältnisse in der DDR haben auch meinem

Vater gezeigt, dass er für ein Regime gearbeitet hat, das absolut nicht dem entsprach, was er sich so vorstellte. Für mich war es ein bisschen unverständlich, dass er das nicht vorher bemerkt hat.«

Die Raufeisens stellten Ausreiseanträge und bereiteten parallel dazu ihre Flucht vor. Ein Stasi-Spion im Bundesamt für Verfassungsschutz der Bundesrepublik erfuhr davon, verriet den Plan, und die Familie kam 1981 in Ost-Berlin in Haft. Ein Jahr später verlegten die Behörden Armin Raufeisen, seine Frau Charlotte und ihren Sohn nach Bautzen II. Nach drei Jahren wurde Thomas entlassen und ging nach West-Berlin. Seine Eltern blieben hinter Gittern. »Mir war klar, dass ich für viele Jahre keinen Kontakt mehr zu ihnen bekommen würde. Ich hatte Einreiseverbot in die DDR. Ich konnte sie nicht besuchen.« Erst 1989, nachdem Charlotte Raufeisen ihre Strafe von sieben Jahren wegen »Spionage« abgesessen hatte und wenige Monate später in die Bundesrepublik ausreisen durfte, kam Thomas' Mutter zurück nach Hannover. Seinen Vater sah er nie wieder.

Thomas Raufeisen auf der Westseite des Brandenburger Tores im Frühjahr 1985, kurz nach seiner Entlassung aus Bautzen II

Armin Raufeisen war 1987 im Haftkrankenhaus Leipzig-Meusdorf gestorben. Die offiziellen Todesumstände erfuhr sein Sohn aus den Krankenakten: »Mein Vater war von Bautzen nach Leipzig gebracht und dort an der Galle operiert worden. Aber seine Gallensteine waren ein Jahr lang überhaupt nicht behandelt worden, sodass sein Zustand schon lebensbedrohlich war. Im Krankenhaus operierte man ihn viereinhalb Stunden, was erstaunlich lange ist bei Gallensteinen. Zunächst ist alles gut verlaufen. Ich habe danach sogar noch einen Brief von ihm aus der Haft bekommen. Doch nach ein paar Tagen bekam er eine Lungenembolie und ist daran gestorben.«

Erika Riemann, Hans Corbat, Karl Wilhelm Fricke, Uwe Kaspereit, Thomas Raufeisen – das sind nur fünf Namen von geschätzten 250.000 politischen Häftlingen, die in der SBZ/DDR in Gefängnissen weggesperrt wurden wie Bautzen I und Bautzen II, Berlin-Hohenschönhausen, Sachsenhausen, Hoheneck, in Torgau, Lützow, Cottbus, Brandenburg oder Chemnitz. Die Gründe für das harte, unnachgiebige und wesentliche Grundrechte der Menschen verletzende Vorgehen der SED-Macht waren zwar vielfältig. Aber letztlich ging es ihr dabei immer um die Durchsetzung und Sicherung der eigenen Herrschaft getreu der Losung, die Walter Ulbricht schon 1944 in Moskau für die kommenden Zeiten ausgegeben hatte: »Es muss nur wie Demokratie aussehen. Entscheidend ist, dass wir die Macht bekommen und sie behalten.«

Was die meisten der verfolgten Menschen in der DDR damals anstrebten, ist aus heutiger Sicht nichts Besonderes. Etwa die Freiheit, das sagen zu dürfen, was sie wollten, einen Staat, in dem das Recht nicht nur das Recht einer Partei und ihrer Ideologie ist, eine Gesellschaft, die ohne Bevormundung des Einzelnen auskommt, ein Land, das seinen Einwohnern Freizügigkeit gewährt, ein politisches System, in dem Wahlen tatsächlich etwas mit Auswahl oder mit Abwahl zu tun haben, kurz: ein Leben, das nicht fremdbestimmt wird. »Doch wo die Obrigkeit jede Regung überwacht«, so urteilte Rainer Eppelmann auf der Veranstaltung »Für Freiheit und Demokratie« in Bautzen, »da wird unabhängiges Agieren zur Waffe und der Waffenträger zum verfolgten Feind. Für ihre Zivilcourage, ihren Mut und ihre Unbeugsamkeit gebührt diesen Menschen Dank und Anerkennung von uns allen. Das sind wir ihnen nach meiner festen Überzeugung auch heute noch schuldig.«

> Wo die Obrigkeit jede Regung überwacht, da wird unabhängiges Agieren zur Waffe und der Waffenträger zum verfolgten Feind.

IM GESPRÄCH

Moderator:	Allein bis 1950 sind in Bautzen über 2.800 Häftlinge gestorben. Was waren die häufigsten Todesursachen? Woran sind sie gestorben?
Hans Corbat:	Die meisten sind an Hunger und an TBC gestorben. Diese offizielle Angabe scheint mir zu niedrig gegriffen. Denn sie beruht auf einer Liste, die das Deutsche Rote Kreuz vom sowjetischen Roten Kreuz bekommen hat und an deren Vollständigkeit alle zweifeln, die das Sterben in Bautzen I miterlebt haben. Auch ich zweifele daran. Ich habe an dieser Liste ein bisschen mitgearbeitet und weiß es. Sie ist uns in russischer Sprache, in kyrillischer Schrift übergeben worden. Und so lag sie auch hier oben in der Kapelle am Karnickelberg. Die Angehörigen, die dorthin kamen, um ihre verstorbenen Angehörigen zu suchen, die konnten mit dieser kyrillischen Liste nichts anfangen. Deshalb habe ich mich bemüht, obwohl ich kein Russisch kann, aber den Lautwert der Buchstaben weiß, diese Namen in normale deutsche Namen zu übersetzen.

v. l. n. r.: Hans Corbat, Erika Riemann, Oliver Reinhard

Schüler:	Herr Fricke, was bedeutet für Sie diese Haft bis heute bzw. welchen Einfluss hat diese Haft auf Ihr Leben danach genommen?
Karl Wilhelm Fricke:	Ich habe natürlich durch die Haft, durch die vier Jahre der Verfolgung, eine starke, bis heute nachwirkende Prägung empfangen. Die führte unter anderem dazu, dass ich mich intensiv publizistisch und theoretisch mit den Ursachen und Bedingtheiten

Buchcover:
Karl Wilhelm Fricke: Politik
und Justiz in der DDR

der Verfolgung auseinandergesetzt habe. Ich habe mich immer wieder gefragt: War das Zufall oder war das systemimmanent? Musste es so kommen? Darüber habe ich dann auch publiziert: »Politik und Justiz in der DDR«. Ich bin zu dem Ergebnis gekommen, dass es kein Zufall war. Es musste so kommen aufgrund der objektiven Herrschaftsbedingungen in diesem Staat.

Die Haft hat natürlich dazu geführt, dass ich mich zeitlebens als Journalist mit der DDR kritisch auseinandergesetzt habe. Nicht als Gegner, als Feind der DDR, sondern als Gegner des Regimes. Ich habe mich – ich stamme ja aus dem Land – mit den Menschen in der DDR immer eng verbunden gefühlt. Und nachdem es im Zuge des Grundlagenvertrags möglich wurde, die DDR wieder als Reisejournalist zu besuchen, bin ich auch als Reisekorrespondent des Deutschlandfunks wiederholt in die DDR gereist.

Schüler:

Frau Riemann, wie haben Sie nach Ihrer Haft, die in Ihren Jugendjahren lag, wieder ins Leben zurückgefunden?

Erika Riemann:

Das war äußerst schwierig. Ich war rein äußerlich eine erwachsene Frau, aber innerlich war ich noch wie 15. Um das alles zu begreifen, was dann auf mich einstürmte, hat es viele, viele Jahre gedauert, bis ich so einigermaßen damit klargekommen bin. Auch meine Angehörigen, meine Mutter und meine Geschwister hatten es damals wahnsinnig schwer.

Wenn Sie sich versuchen vorzustellen: Damals, als ich raus kam – das können Sie nicht wissen – da waren Frisuren mit kurzen Lockenwicklern modern, so ganz kurze Frisuren, und es gab Nylonstrümpfe. Ich hingegen hatte lange Haare und wollte eine Wasserwelle haben. Kein Friseur konnte damals jedoch noch eine Wasserwelle machen, denn das war mittlerweile unmodern geworden. Zudem wollte ich unbedingt Makostrümpfe haben. Makostrümpfe gab es überhaupt nicht mehr. Es war mein Traum all die Jahre in der Haft. Meine Mutter hatte große Mühe gehabt, sie ist mit mir in Hamburg von Geschäft zu Geschäft, und ich

Erika Riemann

wollte unbedingt Makoströmpfe haben. Auf der Reeperbahn war schließlich so ein Geschäft, ›Berufswäsche‹ nannte sich das, wobei ich überhaupt nicht wusste, was das war. Und dort sah ich ein lachsfarbenes Negligee mit schwarzer Spitze und ich dachte, dass ich das unbedingt haben möchte. Meine Mutter war eine ganz schüchterne Frau, aber sie wollte mir den Wunsch erfüllen und ist dann mit mir hineingegangen. Der Verkäufer, das werde ich nie vergessen, guckte meine Mutter und mich an. Da hat meine Mutter dann zu ihm ein Zeichen gemacht – es ist damals durch die Presse gegangen, dass Häftlinge entlassen worden sind. Er hat mir dann das Negligee eingepackt. Und meine Mutter sagte, dass ich auch noch Makoströmpfe haben möchte. Tief im Lager fand er noch mausgraue Makoströmpfe, die kriegte ich dann von ihm geschenkt. Ich war selig! Ich war so selig, das kann man sich nicht vorstellen. Das Einkaufen ging dann noch weiter. Ich musste einen Strumpfhaltergürtel haben, den ich dann auch bekam, und dann wollte ich Schuhe haben mit einem modernen Absatz, da ich bis dahin nur Holzschuhe gewöhnt war.

Es hat schon eine Zeit gedauert, bis ich dann einigermaßen normal geworden bin und mich an das Leben gewöhnt habe. Die Pubertätszeit, die ich nicht durchleben und erleben konnte, die fehlt mir auch noch heute. So vergreife ich mich zum Beispiel manchmal im Ton – obwohl ich nun schon bald 77 bin, platzt mir da einfach etwas heraus.

Moderator: Herr Raufeisen, Ihr Vater kommt aus dem Westen, wird zurückbeordert in den Osten und beichtet, er sei sozusagen ein Friedensbewahrer und man darf ihn also als durchaus loyalen Staatsbürger betrachten. Er hatte Probleme damit, dass die Kinder ihm zu westlich wurden im Westen. Und nach wenigen Monaten will er selber die DDR verlassen und bereitet die Flucht vor, stellt Ausreiseanträge. Was ist passiert in dieser Zeit?

Thomas Raufeisen: Also sicherlich hatte er erheblich unterschätzt, was das für uns bedeutete, also für mich, meinen Bruder und auch für meine Mutter. Er ist zumindest zu Anfang davon ausgegangen – das

73

hatte die Stasi ihm so vermittelt –, dass es uns nicht schlechter gehen würde in der DDR. Er war ja ein verdienter Mitarbeiter der Stasi, der sicherlich dann auch gewisse Vorteile oder Privilegien erwartet hat. Er hat allerdings völlig unterschätzt, dass das, was die uns boten, absolut nicht ausreichte. Weil das Entscheidende fehlte: unsere Freiheit, unsere selbst bestimmte Entwicklung über das, was wir uns vorgestellt haben vom Leben. Das war nun einfach weg. Entsprechend haben wir, also mein Bruder und ich, das auch vermittelt. Die Achtung vor unserem Vater, die ist zunächst einmal ins Bodenlose gefallen; das war für uns einfach ein so absoluter Vertrauensbruch, den er sich geleistet hat. Mein Vater hat ja dann sehr schnell festgestellt – nicht nur durch uns, sondern auch durch die Verhältnisse in der DDR –, dass er für ein Regime gearbeitet hat, das absolut nicht dem entsprach, was er sich so vorstellt. Für mich war es ein bisschen unverständlich, dass er das nicht vorher gemerkt hat. Aber es war ja nicht nur unsere Abscheu vor diesem Regime, sondern auch das, was er selbst dann erleben musste. Wie die auch mit uns, mit seiner Familie umgegangen sind, mit welchen Warnungen und Drohungen.

Schüler:

Herr Raufeisen, was ist aus Ihrer Mutter geworden? Was tut sie jetzt und was hat sie nach ihrer Freilassung gemacht? Wie geht es ihr heute damit?

Thomas Raufeisen:

Meine Mutter lebt heute in Hannover, also auch sie ist wieder zurückgekehrt. Allerdings musste sie ihre Haft – sie hatte ja als Urteil sieben Jahre bekommen – bis zum letzten Tag hier in Bautzen verbringen. Sie wurde auch nicht nach dem Tod meines Vaters vorzeitig entlassen. Nach den sieben Jahren wurde sie zunächst einmal in den Osten entlassen und durfte – obwohl sie immer gesagt hat, dass sie nur zu ihren Söhnen nach Hannover möchte – erst ein halbes Jahr später im Frühjahr 1989 nach Hannover. Seitdem lebt sie in Hannover und ist mittlerweile Rentnerin. Sie regelt ihr Leben ganz gut. Aber es ist manchmal schwierig, mit ihr darüber zu reden, und in der Öffentlichkeit kann sie nur schwer über diese Zeit reden.

Ein Schüler stellt seine Frage; auf dem Podium v. l. n. r.: Erika Riemann, Oliver Reinhard, Karl Wilhelm Fricke, Uwe Kaspereit, Thomas Raufeisen

Schüler: Herr Kaspereit, Sie haben ja bereits vor Ihrem ersten Ausreiseantrag festgestellt, dass Ihr Wunsch nach Freiheit in der DDR nicht erfüllbar war. Wie haben Sie das wahrgenommen: Haben Sie von Bekannten gehört, die ihre Meinung gegen das System geäußert haben, oder haben Sie von Leuten gehört, die verfolgt wurden?

Uwe Kaspereit: Die Freiheit betraf ja in erster Linie auch die eigene Freiheit. Ich habe nicht sehr viel mitbekommen im persönlichen Umfeld von Oppositionellen oder so. Aber es betraf meine eigene Freiheit, ich konnte mich ja nicht frei bewegen. Ich wollte an den Strand der Ostsee, aber auch an den Strand der Nordsee fahren. Das waren für mich einfache Dinge, Grundrechte. Und ich wollte zu Sportveranstaltungen nach Hamburg fahren, aber auch nach Berlin oder Rostock. Aber das war für mich nicht möglich. Das waren Einschnitte in mein eigenes persönliches Leben, die ich nicht hinnehmen wollte. Natürlich waren wir durch Fernsehen und Rundfunk informiert über die Geschehnisse in Europa oder auch in Westdeutschland. Es gab zudem viele Besuche aus Westdeutschland, die zu uns nach Ostdeutschland kamen und über Dinge berichtet haben, die uns fremd waren. Die fuhren dann wieder zurück, und wir standen dann manchmal da: Schau, die können jetzt wieder zurückfahren in ihr Land und sich frei bewegen. Das ist für mich Freiheit.

Nur in einer Diktatur wird man gegängelt, wird man mit der Ideologie gleichgeschaltet. Es gab markante Beispiele wie Wolf Biermann, der ausgebürgert wurde. Das hat man natürlich als junger Erwachsener oder Jugendlicher sehr extrem wahrgenommen und sich dazu auch eine Meinung gebildet. Durch dieses alles entstand der Wunsch in mir: Ich möchte auch frei leben, ich möchte ohne Grenzen meinen eigenen Traum des Lebens in Erfüllung bringen. Das hat sich dann in einer Eigendynamik bis dahin entwickelt, dass ich erkannt habe, dass die DDR ein Unrechtsstaat ist. Erst fing es an mit den persönlichen eigenen Freiheiten, und als ich nachher in Haft war – später in Cottbus vor allen Dingen – habe ich sehr viele Menschen kennengelernt, die wegen Nichtigkeiten eingesperrt worden waren und verfolgt wurden. Und das hat mir sehr zu denken gegeben und mich auch weitergebracht.

v. l. n. r.: Oliver Reinhard, Karl Wilhelm Fricke

Schüler:

Und wie haben Sie es dann wahrgenommen, als dieser – wie Sie es beschreiben – ungerechte Staat zusammengebrochen ist? Was haben Sie dabei empfunden?

Uwe Kaspereit:

Der Zusammenbruch hatte sich ja schon im Laufe der Monate vorher angekündigt: durch die Ausreisewelle, durch die Fluchtbewegung und durch die Botschaftsbesetzung. Das hat man mit einer großen Spannung im Fernsehen und im Radio verfolgt sowie durch briefliche Kontakte und telefonische Kontakte, die ich ja weiterhin als Rückverbindung in die DDR hatte. Es hat mich unheimlich aufgewühlt, und es hat mich stark beeindruckt und auch sehr, sehr gefreut, was da los war. Auch wie viele Menschen es immer wieder schafften, an ihr Ziel zu kommen, in Freiheit zu kommen, über Ungarn, über die Tschechoslowakei, über die Botschaftsbesetzung. Das waren Momente, die man in sich aufgesogen hat und die Hoffnung gemacht haben. Aber ich hätte nicht gedacht, dass tatsächlich das System zusammenbricht, dass auch die Mauern und die Grenze fallen. Das hatte ich nicht zu hoffen gewagt. Aber es kam dann doch so, und ich war glücklich, ganz stolz und glücklich auf die Freunde und Menschen in der DDR, die das friedlich geschafft haben. Und ich bin heute noch glücklich darüber, dass es so gekommen ist.

Schülerin: Herr Fricke, was empfinden Sie dabei, wenn Sie heute nach Bautzen zurückkehren?

Karl Wilhelm Fricke: Ich empfinde es als Genugtuung und möchte die Frage mit einer Metapher beantworten: Früher hatten die anderen die Schlüssel, die uns eingesperrt haben, heute haben wir die Schlüssel symbolisch. Das heißt, ich bin beglückt, dass aus diesem alten Gefängnis eine neue Gedenkstätte entstanden ist. Und ich freue mich übrigens, man möge mir die Freiheit erlauben, dies in diesem Zusammenhang einmal zu sagen: Ich finde es ausgezeichnet, dass Sie als junge Menschen hierhergekommen sind, um sich mit dieser Problematik auseinanderzusetzen und daraus Folgerungen zu ziehen zur Einschätzung der Gegenwart. Wie Erich von Weizsäcker einmal sinngemäß gesagt hat: Wer nicht um die Vergangenheit weiß, der kennt nicht die Zukunft.

Schülerinnen und Schüler im Gespräch mit Erika Riemann

WIDER DIE DIKTATUR!

VERFOLGTE DEMOKRATEN DER 1940ER/1950ER JAHRE IN DER SBZ/DDR

Thomas Ammer, Günter Assmann, Gerhard Bartsch und Günther Schlierf im Gespräch mit Schülerinnen und Schülern der Hans-Carossa-Oberschule (Berlin-Kladow), der Waldorf-Schule Potsdam (Brandenburg) sowie der Gesamtschule Peter Joseph Lenné Potsdam (Brandenburg), moderiert von Thomas Rogalla.

◆

30. OKTOBER 2007, SCHLOSS BELLEVUE

THOMAS ROGALLA

»WIR WOLLTEN FREIE MENSCHEN SEIN«

*Bundespräsident Horst Köhler, Eva Luise Köhler und Vorstandsvorsitzender Rainer Eppelmann gemeinsam
mit den Teilnehmern der Gesprächsrunde, v. l. n. r.: Geschäftsführerin Anna Kaminsky, Rainer Eppelmann,
Günter Assmann, Thomas Rogalla (Moderator), Eva Luise Köhler, Staatssekretär Gert Haller, Horst Köhler,
Gerhard Bartsch, Thomas Ammer, Günther Schlierf*

Es herrscht ein Gewusel auf den Treppen und Gängen von Schloss Bellevue am Vormittag des 30. Oktober 2007. Wo über 100 Schüler im Teenageralter zusammen sind, da prägen sie eben auch in dem offiziellen, vornehmen Ambiente am Amtssitz des Bundespräsidenten die Atmosphäre.

Turnschuhe quietschen auf hochglanzpoliertem Parkett, legere Kleidung mit den drei Streifen eines großen Sportartikelherstellers ist an diesem Vormittag deutlich häufiger in dem hellen Schlossbau im Berliner Tiergarten vertreten als die Nadelstreifen und das dezente Kammgarn der Referenten und Sicherheitsbeamten von Bundespräsident Horst Köhler. Mädchen kichern verhalten und versenden noch schnell eilige SMS, vielleicht an die Freundin oder die Eltern: Radio einschalten! Sind gleich live zu hören!

Techniker von Deutschlandfunk und Deutschlandradio prüfen noch einmal die Mikrofone, die im großen, frisch renovierten Saal des Bellevue in den Gängen zwischen den Sitzreihen aufgestellt sind. Kurz darauf, nach den 10-Uhr-Nachrichten, wird ein Ansager auf der Mittel- und Langwelle von Deutschlandfunk und Deutschlandradio die Veranstaltung ankündigen, zu der Bundespräsident Horst Köhler heute eingeladen hat: Zur dritten Gesprächsrunde »Für Freiheit und Demokratie«, die der Bundespräsident und die Bundesstiftung zur Aufarbeitung der SED-Diktatur veranstalten und bei der es diesmal um »verfolgte Demokraten der 1940er/1950er Jahre in der SBZ/DDR« gehen soll.

Deutschlandradio übertrug alle Gesprächsrunden live.

Vier Zeitzeugen, die in der Frühphase des »realen Sozialismus« etwa so alt waren wie die zuschauenden Schüler heute, stehen noch in einem Vorraum des großen Saals, wo sie sich in ungezwungener Atmosphäre mit dem Bundespräsidenten bekannt machen: Günther Schlierf, Jahrgang 1930, Prof. Gerhard Bartsch, geboren 1932, Thomas Ammer, geboren 1937, und Günter Assmann, Jahrgang 1921 und den Zahlen nach der älteste in der Runde, nach Aussehen und Habitus aber ebenso rüstig und wach wie die drei anderen. Obwohl von Herkunft, Ausbildung und Berufsweg verschieden, haben sie eines gemeinsam: Die Erfahrung mit dem kommunistischen System ostdeutscher Prägung, das Freiheit und Kampf gegen Unterdrückung auf seinen Transparenten propagierte, aber nicht einmal davor zurückschreckte, politisch missliebige Jugendliche für Jahre ins Gefängnis zu stecken, wenn sie das forderten, was die DDR nach ihrer Gründung im Namen trug: Demokratie. In Wahrheit sei es der KPD und ihrer Nachfolgeorganisation SED nur um die Macht gegangen, sagt Horst Köhler in seiner Begrüßungsansprache vor der Podiumsdiskussion und zitiert den SED-Generalsekretär und Staatsratsvorsitzenden Walter Ulbricht: »Es muss demokratisch aussehen, aber wir müssen alles in der Hand haben.«

Damit wollten sich die damals jugendlichen Schlierf, Bartsch, Ammer und Assmann aber nicht abfinden. Auf unterschiedliche Art widersetzten sie sich dem Allmachtsanspruch der Kommunisten, in der Schule, in der Lehre, im Studium. Und sie trugen die Konsequenzen: politische Verfolgung, schwerwiegende persönliche und berufliche Nachteile, Haft nach maßlosen Verurteilungen und

SED-Chef Walter Ulbricht bei einer Groß-veranstaltung der SED 1946 in Berlin

schließlich Flucht aus ihrer Heimat in den Westen. Insgesamt verhängten sowjetische Militärtribunale und die DDR-Justiz rund 75 Jahre Gefängnis oder Arbeitslager über die vier jungen Leute.

> Zu wenig Zeit für
> das Thema DDR
> in den Lehrplänen

Kann man den Jugendlichen von heute, für die Rechtsstaat, Freiheit und Toleranz für unterschiedliche Weltanschauungen selbstverständlich sind, diese längst vergangene Zeit nahebringen? Interessiert das eine Schülerschaft, bei der der Forschungsverbund SED-Staat der Freien Universität Berlin mehrheitlich ein atemberaubendes Unwissen über die jüngere deutsche Geschichte, namentlich die Teilung und die Verhältnisse in der DDR konstatiert hat? Einer Schülerschaft, die zu Teilen Erich Honecker für einen Politiker der Bundesrepublik und Helmut Kohl für den SED-Chef hält, die den Mauerbau den Alliierten zurechnet und bei einer Umfrage der Berliner Zeitung auf der Straße des 17. Juni in Berlin nach dem Ursprung des Straßennamens vermutet, das Datum habe »irgendwas mit Hitler« zu tun.

Die Schülerinnen und Schüler von drei Schulen aus Berlin und Potsdam, die hier im Saal des Schlosses Bellevue sitzen, würden bei solchen Umfragen zweifellos besser abschneiden als der Durchschnitt. Auf »großes Interesse« am Thema DDR sei sie in ihren Politikwissenschaft-Kursen der Jahrgangsstufen 12 und 13 gestoßen, berichtet Lehrerin Carmen Janetzki von der Hans-Carossa-Oberschule in Berlin-Kladow. Sie findet zwar, dass es in den Lehrplänen zu wenig Zeit für das Thema DDR gibt, nutzt aber die bestehenden Möglichkeiten, in den Politikwissenschaft-Grundkursen auf Entwicklung und Unterschiede in politischen Systemen von Bundesrepublik und DDR zu sprechen zu kommen.

Schüler der Gesamtschule Peter Joseph Lenné in Potsdam haben sich ebenfalls aktiv mit DDR-Geschichte befasst, berichtet Lehrerin Petra Grabowski – mit zeitgemäßen technischen Mitteln. Das Projekt »Diktaturen – Versuch einer Gegenüberstellung« wurde auf eine DVD gebannt. Ebenfalls sehr ausführlich beschäftigten sich 20 Schüler der Potsdamer Waldorf-Schule mit dem Thema DDR. Zehnt- und Zwölftklässler produzierten einen Dokumentarfilm über DDR-Bürger, die als Jugendliche wegen Widerstandes gegen das SED-Regime im Gefängnis landeten. Die Schüler recherchierten in der ehemaligen Stasi-Haftanstalt in Potsdam und in der Birthler-Behörde, sieben Wochen dauerte die Arbeit. Die Mühe hat sich gelohnt. Der Film gewann den ersten Preis im Viktor-Klemperer-Jugendwettbewerb »Kreativ für Toleranz« 2007.

Konzentriert verfolgen die Schülerinnen und Schüler gemeinsam mit Bundespräsident Horst Köhler die Schilderungen der Zeitzeugen.

Die Geschichte von Jugendlichen, die erst durch die vielfältigen Einschränkungen und Denkverbote in der SBZ und DDR allmählich zum Widerstand kommen.

Jetzt sitzen etliche der Beteiligten im Saal des Schlosses Bellevue – obwohl noch Herbstferien sind. Und sie und die anderen der über 100 Schüler und Lehrer im Saal tun konzentriert das, was der Bundespräsident in seiner Einleitung unter zwei Gesichtspunkten als wichtig bezeichnet hat: Zuhören. Denn erstens seien Zeitzeugenschilderungen meist anschaulicher und spannender als das, was in den Geschichtsbüchern manchmal steht. Und zweitens, so Horst Köhler, »haben die Menschen, die damals aus politischen Gründen verfolgt wurden und die sich gegen die Unterdrücker gewehrt haben, Anspruch darauf, dass wir ihnen zuhören. Zuhören ist nicht nur eine wichtige Voraussetzung für eine sachliche Debatte, Zuhören ist auch eine wichtige Form von Anteilnahme und Anerkennung«.

Gerhard Bartsch, 1932 in Schlesien geboren, berichtet als Erster: Wie er 1948 der CDU beitrat und eine Schülerwiderstandsgruppe in Löbau / Sachsen leitete. Wie er in Konflikt mit dem kommunistischen Regime geriet, weil die Gruppe an der Schule Flugblätter verteilte. Drei Schüler der Gruppe wurden 1950 verhaftet, Bartsch und andere entgingen der Verhaftung durch Flucht nach West-Berlin. Als er 1951 von dort aus durch die »Zone« fuhr, war die Stasi schon im Bilde und holte ihn am DDR-Grenzübergang Marienborn aus dem Bus. Er wurde angeklagt wegen »Antisowjethetze, illegaler Gruppenbildung und Spionage« und zu 25 Jahren Arbeitslager verurteilt. Gerhard Bartsch hat trotz alledem später seinen Weg gemacht und wurde Professor für Energietechnik an der Technischen Universität Berlin.

Was sich in den Verschwörungstheorien des Ulbricht-Regimes als geplantes, im Zweifel westlich gesteuertes Komplott gegen den Sozialismus darstellte, stellt sich in der Schilderung von Gerhard Bartsch ganz anders dar. Es ist die Geschichte von Jugendlichen, die erst durch die vielfältigen Einschränkungen und Denkverbote in der SBZ und DDR allmählich zum Widerstand kommen. »Das ist ein etwas vielschichtiger Weg gewesen«, erzählt Barsch. »Ich bin 1947, als die Schulreform in der damaligen Sowjetzone eingeführt wurde, von der Grundschule auf die Oberschule in Löbau gekommen und dort auch gleich ins Internat. Dort waren Schüler meines Alters oder etwas älter. Wir diskutierten über vielerlei Probleme, ganz besonders über weltanschauliche Probleme, die Heranwachsende interessieren. Dabei mussten wir merken, dass es eben schwierig war, vernünftig zu diskutieren, ohne an entsprechende Literatur heranzukommen. Das heißt, es war verboten, Westliteratur zu haben.« Also bemühten sich die Jugendlichen illegal um Westliteratur. Barsch fuhr, was damals noch ging, öfters nach West-Berlin zum RIAS und besorgte dort Bücher. »Vor allen Dingen war das Fenster zum Westen für uns die Monatszeitschrift ›Der Monat‹. Das war eine Zeitschrift, die herausgegeben wurde vom Kongress für kulturelle Frei-

> Es war verboten, Westliteratur zu haben.

heit. Dort arbeiteten viele Westschriftsteller mit, die nicht nur zu dieser Zeit bekannt waren, sondern dann in den Jahren des Kalten Krieges immer wieder von Bedeutung waren.«

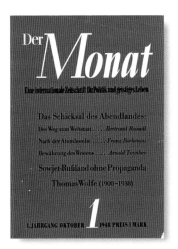

Die in West-Berlin herausgegebene Zeitschrift »Der Monat« berichtete kritisch über die Entwicklung im gesamten Ostblock.

Am Anfang seiner Schulzeit sei der politische Druck noch nicht sehr groß gewesen, erinnert sich Bartsch. Mit einigen der sogenannten Neulehrer, die noch kein Studium hinter sich hatten und kaum älter waren als die Schüler, schloss man schnell Freundschaft und bemerkte, dass man mit ihnen weltanschauliche Dinge im Schulunterricht diskutieren konnte, allerdings weniger politische. »Das führte natürlich im Laufe der Zeit immer mehr dazu, dass wir Heuchler wurden, dass wir also anders dachten, als wir schrieben.« In Aufsätzen »musste also auf jeden Fall vorneweg etwas über Stalin und seine Größe gesagt werden«. Das führte zu einer radikalen Ablehnung all dessen, was mit dialektischem Materialismus und Ähnlichem, mit kommunistischen Gedankengängen zu tun hatte. Und irgendwann wollten die Schüler nicht mehr nur intellektuell diskutieren, sondern »wir wollten unsere politische Meinung auch wirklich kundtun«.

Bartsch und seine Freunde arbeiteten zunächst in der FDJ mit und versuchten, innerhalb der Jugendorganisation einen Gegenpol zur SED zu bilden, was aber Grenzen hatte. Deshalb schloss sich Bartsch älteren Schülern an, die in der CDU waren, »weil das die einzig mögliche Gegenmeinung zu der SED war. Und wir haben als CDU-Betriebsgruppe an der Schule eine Wandzeitung durchgesetzt und vielerlei andere Dinge. Und dann kam, als auch das uns nicht mehr ge-

Ein sogenannter »Neulehrer« beim Schulunterricht in Ost-Berlin (1947)

nügte, die Zeit, wo wir Flugblätter druckten. Das war so ab 1949. Anfang 1949 fand der Volkskongress statt. Auf dem Volkskongress wurde die Verfassung der späteren DDR diskutiert und beschlossen. Es wurde die Nationale Front gegründet und vielerlei mehr, was dann die Situation politisch immer mehr verschärfte.«

Tagung des III. Deutschen Volkskongresses vom 29. bis zum 30.05.1949 in Berlin. Der Volkskongress bereitete die Gründung der DDR vor.

2. Deutschlandtag der Jungen Union in Berlin, Juni 1947, mit dem Vorsitzenden der Ost-CDU Jakob Kaiser

> Unbehelligt erreichen
> sie West-Berlin, wo sie
> sich als politische
> Flüchtlinge meldeten.

Auf die möglichen Konsequenzen achtete die Gruppe kaum. »Das haben wir letztendlich doch nicht so durchschaut oder auch nicht so ernst genommen, wie man es hätte vielleicht tun müssen«, erinnert sich Bartsch. Von einem ehemaligen Mitschüler, der bei der Polizei arbeitete, erfuhr die Gruppe, dass sie verraten worden war und verhaftet werden sollte. Sofort setzte sich ein Teil der Gruppe in den Nachtzug, unbehelligt erreichen sie West-Berlin, wo sie sich als politische Flüchtlinge meldeten. Drei Schüler der Löbauer Gruppe, die nicht mehr rechtzeitig informiert werden konnten, wurden jedoch ein paar Tage später in der DDR verhaftet und abgeurteilt. Bartsch und seine mit ihm geflüchteten Freunde setzten ihre Schulausbildung in West-Berlin fort.

Bartsch ahnte nicht, dass er noch ein weiteres Mal mit dem DDR-Regime zu tun bekommen würde. 1951 übernahm er, um sein mageres Taschengeld als politischer Flüchtling aufzubessern, im Auftrag des Landesjugendamtes die Betreuung einer Jugendgruppe, die nach Heiligenhafen an die Ostsee fuhr. Doch bei der Fahrt von West-Berlin per Bus durch die DDR wurde er von DDR-Grenzern verhaftet. »Es stellte sich während dieser Vernehmung heraus, dass die schon längst wussten, dass ich in dem Bus sitze. Das heißt also, es ist von West-Berliner Seite, von der Polizei her verraten worden«, vermutet Bartsch. Die Polizei im Westteil befragte alle politischen DDR-Flüchtlinge. Ein russischer Verbindungsoffizier brachte ihn nach Halle in Untersuchungshaft, der Spruch des Sowjetischen Militärtribunals lautete auf 25 Jahre Haft wegen »Antisowjethetze, illegaler Gruppenbildung und Spionage«. Bartsch landete zunächst in Bautzen I, im sogenannten »Gelben Elend«, später wurde er verlegt in einen Saal mit 400 Jugendlichen. Weitere Station war Torgau, wo die Inhaftierten schwer körperlich arbeiten mussten. 1956 vorzeitig nach Leipzig zu seiner Mutter entlassen, flüchtete der junge Mann kurz darauf erneut mit Hilfe von Freunden nach West-Berlin. Bartschs Gesundheit war ruiniert, vor allem die Lunge hatte Schaden genommen. »Nach der Haftentlassung 1956 wurde ich erst einmal über ein halbes Jahr hier im Westend-Krankenhaus auskuriert.« Erst danach begann für ihn mit dem Studium ein neues Leben.

Günther Schlierf dient den Schülern im Bellevue dann als Beispiel dafür, dass auch die Zugehörigkeit zur »Arbeiterklasse« in der DDR nicht vor politischer Verfolgung bewahrte. Schlierf war bei Kriegsende Lehrling bei der Reichsbahn in Ost-Berlin, später, nach seiner Flucht nach West-Berlin, Maschinist und Sanitäter bei der Bewag. Die Nazizeit hatte er glücklich überstanden, für ihn wurde das Jahr 1948 zum Schicksalsjahr. Im Zusammenhang mit den Wahlen, die 1948 im Westteil der Stadt stattfinden durften, aber im Ostteil von der sowjetischen Militäradministration verboten wurden, klebte er im Ostteil Berlins Plakate für die Falken, die Jugendorganisation der SPD, wurde erwischt und 1949 wegen sogenannter »antisowjetischer Propaganda« von einem sowjetischen Militärtribunal zu 25 Jahren Arbeitslager verurteilt, 1954 amnestiert.

Warum die Falken? »Ernst Reuter mit seiner berühmten Rede vor dem Reichstag hat mir imponiert, ebenso der Satz von Kurt Schumacher über die Kommunisten als ›rot lackierte Nazis‹«, erzählt Schlierf. »Wir haben mit den Falken Fahrten gemacht in die Schorfheide, und eines Tages sagte unser Kreisvorsitzender von Lichtenberg, Gerhard Sperling: ›Jungs, es ist Wahl, der Russe hat die aber bei uns verboten.‹ Also wollten wir Plakate kleben. Darauf stand ›Leben wollen wir und arbeiten. Freie Menschen wollen wir sein‹. Das ist ja eigentlich nichts Antikommunistisches.« Sagt es und klopft auf sein Jackett, in dessen Tasche säuberlich gefaltet eines der Plakate von damals steckt, das Schlierf später auf seinem Dachboden gefunden hat. Ganz nüchtern, manchmal mit einem untergründigen Humor, reiht der eher gemütlich wirkende Mann die Ereignisse aneinander, die ihn für einige Jahre seines jungen Lebens ins Ge-

Plakat der FALKEN von 1948: Die Jugendorganisation der SPD agierte vor allem in Berlin in Konkurrenz zur FDJ.

Weil der 17-jährige Lehrling Günther Schlierf 1948 dieses Wahlplakat der SPD in Ost-Berlin verbreitete, wurde er von der Volkspolizei verhaftet und von einem sowjetischen Militärtribunal zu 25 Jahren Arbeitslager verurteilt.

fängnis brachten: »Na ja, wir sind dann losmarschiert, wir waren drei Mann. In Kaulsdorf an der Anschlagsäule von der Täglichen Rundschau haben wir unser Plakat gerade angeklebt. Wir wollten gerade zur SED-Parteischule gehen, da kam die Polizei. Wir wurden in Kaulsdorf zum Revier und am nächsten Tag zur Normannenstraße gebracht. Dort wurden wir einem russischen Major vorgestellt. Und der sagte: ›Warum haben Sie diese Plakate ›Leben wollen wir‹ geklebt? Leben Sie denn nicht?‹ Da habe ich gesagt: ›Na, wir verstehen unter Leben etwas anderes‹.«

Nach verschiedenen Zwischenstationen landete der junge Schlierf im Gefängnis Hohenschönhausen, damals Haftlager der Sowjets. Und erlebte dort, wie man mit systematischem Schlafentzug den Gefangenen »Geständnisse« abpressen kann. Die Verhöre fanden nachts statt, und am Tag durfte man ebenfalls nicht schlafen. »Der Vernehmer hat gelesen und ich habe auf meinem Hocker gesessen, und wenn man eingeschlafen ist, dann hat man einen Tritt ans Schienbein gekriegt«, erzählt Schlierf. Tritte und Schläge habe er noch hingenommen, sagt er.

> Das Urteil,
> bei dem kein
> Verteidiger
> anwesend war,
> lautete dann
> 25 Jahre.

»Aber wenn man mich fragt, ob ich gefoltert worden bin: Ich finde, nicht schlafen zu dürfen, ist die schlimmere Folter.« »Antisowjetpropaganda«, »illegale Tätigkeit« und »Spionage« hielt der russische Vernehmer ihm vor, berichtet Schlierf. »Und dann fing er auch noch an: ›Du wolltest das Kraftwerk Klingenberg in die Luft sprengen!‹ Da sagte ich: ›Da müssen Sie mir sagen, wo das Kraftwerk ist. Ich weiß das nicht.‹« Aber irgendwann, völlig übermüdet, sagte Schlierf auf die Frage, ob er Spionage betrieben habe: »›Ja.‹ Ich hatte einfach die Nase voll, wollte mal wieder ausschlafen.« Die Abfassung des Geständnisses überließ er dem Vernehmer: »Ich habe nicht so viel Fantasie wie Sie. Schreiben Sie es auf, ich unterschreibe, ich will meine Ruhe haben.« Das Urteil, bei dem kein Verteidiger anwesend war, lautete dann 25 Jahre.

Günter Assmann, 1921 geboren, ist der Älteste auf dem Podium, hat deshalb an den Zweiten Weltkrieg, den er als Erwachsener erlebte, eine andere Erinnerung als die drei anderen. Assmann war Luftwaffenleutnant, nahm als Pilot am Feldzug der Wehrmacht gegen die Sowjetunion teil, wurde an der Ostfront verwundet und hat viereinhalb Jahre sowjetische Kriegsgefangenschaft erlebt, deren Bedingungen er als unmenschlich beschreibt. Diese Erfahrung unterscheidet ihn beispielsweise von Günther Schlierf, der als Jugendlicher bei Kriegsende die Sowjets eher unvoreingenommen als Befreier be-

Arrestzelle des sowjetischen Untersuchungsgefängnisses und späteren Stasi-Gefängnisses Berlin-Hohenschönhausen

grüßte. Assmanns Heimat Oberschlesien wurde besetzt. Als es ihn deshalb 1949 nach Görlitz verschlug, wo er eine Tante hatte, verweigerte man ihm als ehemaligem »faschistischen Offizier« ein Maschinenbaustudium. Nur Kinder von Arbeitern und Bauern dürften studieren. Man wies ihm in Görlitz zunächst eine Stelle als Schweißer zu, später wechselte er zum Fahrdienst des Konsum. Erst nach einer Amnestie für Wehrmachtoffiziere bis zum Dienstgrad Major konnte er Lehrer werden, für Mathematik, Geografie, Deutsch, Russisch und Sport. All das prägt bis heute sein Verhältnis zum sowjetischen und DDR-Kommunismus, und auch sein Handeln beim Volksaufstand am 17. Juni 1953 in Görlitz geht auf diese Vorgeschichte zurück.

Demonstranten am 17. Juni 1953 auf dem Potsdamer Platz in Berlin. Der Volksaufstand breitete sich von Ost-Berlin aus rasch im ganzen Land aus. Auch in Görlitz gingen Zehntausende auf die Straße.

Weil er die Schulmannschaft trainiert, kennen ihn viele in der Stadt. Am 17. Juni 1953, die Schule ist mittags gerade aus, bemerkt Assmann am Görlitzer Obermarkt eine Menschenmenge, fast 20.000 Menschen. »Wir kamen dazu, da sangen sie gerade das Lied: Einigkeit und Recht und Freiheit. Können Sie sich vorstellen, Sie kommen dorthin und hören die deutsche Nationalhymne, nicht die sozialistische? Später ging es zum Postplatz, dort war die Haftanstalt. Dort versuchten Arbeiter von der LOWA, der

Maschinenbaufabrik, mit Zuschlaghämmern die schweren Zellentüren aufzuschlagen. Aber es ging nicht.« Eher aus Neugier geht Assmann in das Gefängnis und trifft eine Schließerin, deren Sohn auf seine Schule ging: »Da sagte ich zu ihr: ›Frau Kühn, merken Sie nicht, dass das hier eskaliert? Es wird schlimm, wenn die die Zellentüren nicht aufkriegen, denn drinnen schreien die Männer und Frauen: Holt uns raus, lasst uns frei!‹ Da griff sie in die Tasche, gab mir den Schlüssel und verschwand. Da habe ich fast zwei Stunden die Zellentüren aufgeschlossen, bis mir der Arm schmerzte.« Diese Tat brachte ihm selbst eine Verurteilung zu zehn Jahren Gefängnis ein, von denen er acht in Bautzen und in Waldheim absitzen musste. Ihm wurden zudem die bürgerlichen Ehrenrechte entzogen.

> Drinnen schreien die Männer und Frauen: Holt uns raus, lasst uns frei!

»Ich habe diese Zeit überstanden«, resümiert Assmann auf dem Podium im Schloss Bellevue, »acht Jahre und sieben Tage habe ich in Waldheim, Bautzen und Karnickelberg gesessen.« »Was mich nicht umbringt, macht mich härter«, sei seine Devise gewesen. Einmal jedoch, bei einer Amnestie 1960, ist er fast verzweifelt. An die Minuten vor der erhofften Freilassung erinnert er sich noch genau: »Ich hatte schon zivil an, hatte mein kleines Ränzchen gepackt und stand vor der letzten Tür. Die wurde aufgemacht, die Ersten gingen raus. Auf einmal kommt ein Wachmann und sagt: ›Strafgefangener Assmann, Strafgefangener Herbig, zurück!

Günter Assmann (†) vor einer original erhaltenen Zellentür des Görlitzer Gefängnisses (2007)

Sie werden nicht entlassen!‹ Nach fast acht Jahren stand ich dann da, ich habe das Essen verweigert, ich habe verlangt, dass einer von der Stasi kommt. Dass man mir sagt, warum ich nicht freikam. Nach 14 Tagen kam einer und sagte: ›Das haben Sie Ihrer Mutter zu verdanken. Ihre Mutter hat erzählt, wenn Sie rauskommen, ist Ihr Leben gesichert. Sie gehen nach dem Westen, dort sind schon Leute, die kümmern sich um Sie.‹« Assmann, der trotz mehrerer Anläufe nicht von der Bundesrepublik freigekauft wurde, blieb nach seiner Entlassung 1961 in der DDR, überwacht von 17 Stasi-IM. 1986, als Rentner, nutzte er eine Besuchsreise, um im Westen zu bleiben – was dazu führte, dass seine Tochter und seine Frau in der DDR drangsaliert wurden. Seine Tochter wurde von der Universität exmatrikuliert, weil ihr Vater im Westen geblieben war, auch sie reiste mit ihrer Mutter 1989, kurz vor dem Ende der DDR, in den Westen aus.

Thomas Ammer, einer der Initiatoren des Eisenberger Kreises, 1955

Thomas Ammer war nicht von Anfang an kritisch gegen die DDR eingestellt. »Ich bin in einem stark antifaschistisch geprägten Elternhaus aufgewachsen«, berichtet er dem aufmerksam zuhörenden Publikum. »Zunächst einmal hatte ich eine positive Haltung zu dem, was die DDR zur Aufarbeitung des Faschismus unternahm, habe allerdings bald gemerkt, dass das einseitige Züge annahm.« An seiner Oberschule in Eisenberg war er Anfang der 50er Jahre sogar der FDJ-Sekretär seiner Klasse. Doch dann schildert er, wie die Politik der SED ihn und ein Dutzend weitere Mitschüler zu Oppositionellen machte. Ammer wurde einer der Köpfe des Eisenberger Kreises, einer der größten Widerstandsgruppen in der DDR-Geschichte. Dieser Kreis umfasste Schüler verschiedenster Weltanschauungen und politischer Überzeugungen. Es gab sozialdemokratische, christliche, konservative, sogar marxistische Positionen in dem Kreis, der ab 1955 an der Universität Jena, wo Ammer Medizin studierte, seine konspirative Arbeit fortsetzte. Freie Wahlen, Abzug der sowjetischen Truppen, Pressefreiheit, Freilassung der politischen Gefangenen, lauteten später einige der wichtigsten Forderungen der Gruppe.

Sie forderten: Freie Wahlen, Abzug der sowjetischen Truppen, Pressefreiheit, Freilassung der politischen Gefangenen.

Doch am Anfang war das alles so nicht geplant. Dass sich die Eisenberger Oberschüler gegen das Regime wandten, sei »eigentlich ein ziemlich spontaner Vorgang« gewesen, berichtet Ammer. Er wurde ausgelöst durch die Verfolgung der Mitglieder der Jungen Gemeinde, einer evangelischen Jugendorganisation. »Die wurde ab Herbst 1952 vom Regime als Hort von ›Agenten des Imperialismus‹ und ›Hand-

Die Jugendarbeit der Evangelischen Kirche war der SED-Führung ein Dorn im Auge. Die Junge Gemeinde sah sich deshalb immer wieder heftigen Propagandaangriffen ausgesetzt, so wie hier in der SED-Parteizeitung »Neues Deutschland« vom 28.04.1953.

langer des westdeutschen Monopolkapitals‹ und was weiß ich alles dargestellt. Diese ganze Propaganda ging dann im Frühjahr 1953 so weit, dass man Schüler zunächst aus der FDJ ausschloss und damit automatisch aus der Schule.« Das erlebten Ammer und seine Freunde auch in Eisenberg. Dort wurden die Schüler durch »psychischen Druck und Betrug« von SED-Funktionären dazu gebracht, mehrheitlich für den Ausschluss der Christen aus der FDJ zu stimmen. Darauf habe man sich eingelassen, »weil wir dachten, an der Schule bleiben die Ausgeschlossenen doch«, berichtet Ammer. »Das war natürlich ein totaler Irrtum.« Und aus diesem Gefühl, politisch missbraucht und betrogen worden zu sein, »haben sich eben ein paar Schüler zusammengefunden und sich gesagt: das machen sie mit uns nicht noch einmal. Wir sprechen uns in Zukunft ab, wenn so was sich wiederholt, und es wird dafür gesorgt, dass sie nicht diese erschwindelte Zustimmung kriegen«.

Kurz danach, am 17. Juni 1953, stellten die Schüler fest, »dass die Behauptung des Regimes völliger Schwindel war, die gesamte Bevölkerung stünde hinter ihr«. Daraus habe sich dann, »man kann fast sagen, automatisch, eine Gruppe gebildet, die miteinander zunächst diskutierte, verbotene Literatur beschaffte und dann zu der Erkenntnis kam: Man muss gegen dieses Regime etwas tun. Denn wir standen mehrheitlich unter dem Eindruck, dass man den Erwachsenen, also unseren Eltern und Großeltern, vorgeworfen hat: ›Ihr habt ja, wenn ihr auch keine Nazis gewesen seid, nichts gegen das Nazi-Regime getan und seid letzten Endes mitverantwortlich für das, was da passiert ist.‹ Und diesen Vorwurf wollten wir uns nicht noch mal machen lassen, wenn sich erneut etwas Ähnliches entwickelte.« Also versuchten die Schüler und später die Studenten im Eisenberger Kreis zu demonstrieren: »Hier gibt es Leute, die gegen das Regime sind. Und damit einen gewissen Appell an die Bevölkerung zu richten: Tut wenigstens im passiven Sinne was dagegen!« Die Gruppe plante ihre Aktionen zwar sorgfältig, ging aber große Risiken ein. Und wenngleich eigentlich gewaltfrei, verübte Ammer mit einigen Freunden 1956 einen Brandanschlag auf einen Schießstand, an dem die Gesellschaft für Sport und Technik (GST) übte. Ammer: »Das Ganze sollte eine Demonstration sein gegen die damals unmittelbar bevorstehende Gründung der Nationalen Volksarmee und die damals von uns erwartete Einführung der allgemeinen Wehrpflicht. Es sollte deutlich werden, dass es Leute gibt, die etwas gegen diese Militarisierung unternehmen.«

Aus Protest gegen die Militarisierung der DDR-Gesellschaft steckten Mitglieder des Eisenberger Kreises um Thomas Ammer einen GST-Schießstand in Eisenberg in Brand.

Zwar nicht bei dieser Aktion, aber später wurde die Gruppe verraten. Das brachte Ammer ein Urteil über 15 Jahre Zuchthaus wegen sogenanntem »Staatsverrat« ein. Er war unter anderem in Waldheim und in Brandenburg-Görden inhaftiert und wurde dann 1964 als einer der ersten Häftlinge aus der DDR von der Bundesrepublik freigekauft. Später setzte er auch beruflich seine Auseinandersetzung mit dem DDR-System fort, unter anderem als Mitarbeiter im Gesamtdeutschen Institut in Bonn. Seit 2002 ist er Pensionär.

Als die Mikrofone im Saal für die Schüler geöffnet werden, richtet einer seine Frage an Thomas Ammer: »Wie sind Sie mit den Langzeitfolgen klargekommen? Hängen Ihnen die Haft und die furchtbaren Prozesse damals vor den Gerichten und den Militärtribunalen noch nach?« Nein, antwortet Ammer, die Verfolgungssituation oder etwa das Hafterlebnis seien im Laufe einiger Jahre so in den Hintergrund getreten, dass es ihn nicht mehr sehr belastet habe, »abgesehen von einigen ganz primitiven Reaktionen. Es ist vielleicht ein bisschen belustigend, dass ich in den ersten Jahren in Bonn bei Polizeikontrollen ausgesprochen nervös reagiert habe. Warum? Ganz einfach: weil die nordrhein-westfälische Polizei fast dieselbe Uniform trug wie die Wachmannschaften im Zuchthaus Brandenburg. Aber ansonsten habe ich dann die Auseinandersetzung mit der DDR fortgesetzt, zum Teil durch Veranstaltungen in der politischen Bildung und dann eben auch wissenschaftlich und durch Archivtätigkeiten im Gesamtdeutschen Institut, zuletzt dann im Sekretariat der Enquete-Kommission des Bundestages.«

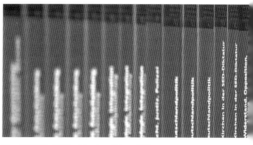

Von 1992 bis 1998 widmeten sich zwei Enquete-Kommissionen des Deutschen Bundestages der Geschichte und den Folgen der SED-Diktatur in Deutschland. Die Arbeit der Enquete-Kommissionen wurde in 32 Bänden dokumentiert.

Ob die Zeitzeugen auch Angst hatten, erwischt zu werden, will ein anderer Schüler wissen. »Angst hatte ich bei fast allen Aktivitäten«, gesteht Thomas Ammer, das sei eine ganz natürliche Reaktion. »Ich kann mich noch erinnern, dass ich vor dieser Aktion an dem Schießstand, das war im Winter, im Hinterkopf den Gedanken hatte: Ach, wenn es doch nur schneien würde, dann müsste man die Sache abblasen.« Aber man habe versucht, mit der Angst fertig zu werden. »Und das konnte man dadurch, dass wir uns erstens für schlauer hielten als die Staatssicherheit, was für eine gewisse Zeit sogar zutraf.

Und zum zweiten, dass es West-Berlin gab, was relativ leicht zugänglich war damals vor dem Mauerbau. Und wir hofften, wenn die Luft heiß wird, können wir uns noch absetzen.« Dass die Stasi aber versuchen würde, konspirativ in ihre Gruppe einzudringen, »darauf waren wir natürlich nicht geeicht«.

Zwei Schülerinnen fassen sich dann trotz Anwesenheit des Bundespräsidenten und Rundfunkübertragung ein Herz für eine weitere Frage. Ob die vier heute noch einmal so handeln würden wie damals, obwohl ihnen die Konsequenzen heute bekannt sind? »Wahrscheinlich würde ich es genauso machen«, antwortet Günther Schlierf, »wir haben uns damals eigentlich nichts dabei gedacht. Wir dachten, wir haben eine Demokratie, und dann setzen wir uns eben dafür ein. Was für Folgen das haben könnte, das haben wir nicht gewusst.«

Sie interessiere, was den damals jungen Leuten in der Haft den nötigen Halt und die Kraft gegeben habe, fragt eine weitere Schülerin. »Der Anfang war in jedem Fall außerordentlich schwer«, erinnert sich Gerhard Bartsch. »Man brach ja psychisch völlig zusammen. Meistens ging es mit Einzelhaft los, und die hygienischen Verhältnisse waren schlimm. Man wurde nur beschimpft: Faschist. Faschisten waren wir in deren Augen. Bis man sich an solche Dinge gewöhnt hat, verging eine ganze Zeit. Später habe man sich in irgendeiner Weise arrangiert. War man auf einer kleinen Zelle, musste immer jemand Geschichten erzählen. Ich erinnerte mich an die vielen Filme, die ich in meiner kurzen West-Berliner Zeit gesehen und an Bücher, die ich gelesen hatte. Darüber habe ich eben Geschichten erzählt. Später im Jugendsaal traf man auf 400 Leute, sehr unterschiedliche Menschen mit unterschiedlichem Wissen und Können. Dort schlossen sich Gefangene zu verschiedenen Gruppen zusammen. Da wurde also irgendwo Englisch oder Russisch gelernt, die einen machten Mathe und die anderen beteten. Auch das hat geholfen.«

Momente der Hoffnung während der Haftzeit]

Auch Günther Schlierf berichtet von Momenten der Hoffnung während der Haftzeit – auch wenn die oft enttäuscht wurde. Als das von den Sowjets geführte Haftlager Berlin-Hohenschönhausen, wo vier Mann in eine Einmannzelle gepfercht wurden, 1950 von der DDR übernommen wurde, »dachten wir, es wird besser. Aber es wurde schlechter, zunächst die Verpflegung«. Auch die vier grob gezimmerten Betten in der kleinen Zelle blieben, »die nannten wir Obstregal«. Und von den Volkspolizisten hörte Schlierf, die Gefangenen seien »Faschisten«, die man am besten vergasen solle.

Eine der besseren Erinnerungen Schlierfs ist die Gründung eines Gefangenenchors. »Wir haben dann in der Kirche gesungen, wir haben bei den TBC-Kranken gesungen.« Und eine Geschichte erzählt er auch noch, und grinst ein bisschen dabei: die vom Polizeimeister, der den Häftlingen beim Tischtennisspielen zusah und gern mitspielen

Gefängniskirche der Haftanstalt Bautzen I

wollte. »Aber der Gummiknüppel, der störte. Geben Sie her, habe ich gesagt. Dann habe ich den Gummiknüppel gehalten und er hat Tischtennis gespielt, und einer von unseren Mithäftlingen hat an der Tür gestanden und aufgepasst, dass nicht ein Vorgesetzter kommt. Dann hätte der Wärter wohl Ärger gehabt.« Dass der Alltag der politischen Gefangenen in den 1950er Jahren aber wenig Anlass für gute Erinnerungen gibt, daran erinnert Günter Assmann auf eine letzte Schülerfrage: »Glauben Sie mir, wir waren nicht vier, sondern sechs Mann in einer Zelle von zwei mal vier Metern Größe. Es gab kein fließendes Wasser, keine Toilette, nur vier Bottiche mit einem halben Liter Wasser für den ganzen Tag. Damit mussten wir auskommen. Wir haben wirklich sehr schlimme Zeiten erlebt.«

Demokratie ist keine Selbstverständlichkeit.]

Warum sind diese Zeitzeugenschilderungen, warum sind diese lang zurückliegenden Ereignisse heute noch so wichtig für uns? Das hatte Rainer Eppelmann, selbst einer der namhaften Oppositionellen in der späten DDR und heute Vorstand der Bundesstiftung Aufarbeitung, zu Beginn der Veranstaltung gefragt. »Sollten wir dieses dunkle Kapitel unserer Geschichte nicht lieber vergessen und uns einfach freuen, dass es Diktatur und Unterdrückung heute in Deutschland nicht mehr gibt?« Nein, sagt Eppelmann, das Schicksal der vier couragierten Männer auf dem Podium zeige, »unsere Demokratie, wie wir sie erleben, ist eben keine Selbstverständlichkeit, sondern ist hart erkämpft worden und erfordert ständige Wachsamkeit. Das dürfen wir niemals vergessen, und das wollen wir Älteren den Jüngeren weitergeben«. Nur wer die unheilvolle Gestalt der Diktatur kenne und sich mit ihr auseinandergesetzt habe, könne den wahren Wert von Demokratie und Freiheit erkennen und sich wirklich bewusst für sie entscheiden und einsetzen.

Rainer Eppelmann, Vorstandsvorsitzender der Bundesstiftung Aufarbeitung, spricht zu den Schülerinnen und Schülern im Schloss Bellevue.

Thomas Ammer gibt den Schülern einen ähnlichen Rat mit auf den Weg. »Ich glaube, hier geht es vor allem darum, dass man sich das, was sich in solch einem Regime wie der DDR, in der Sowjetunion oder auch im NS-Regime abgespielt hat, vergegenwärtigt und sich vielleicht darüber Gedanken macht, wie man in einem solchen Regime gelebt hätte und was man dagegen hätte unternehmen können, unternehmen sollen.« Und an zweiter Stelle sei es ratsam, »einen kritischen Blick auf die Parteien, Gruppen und sonstige Leute auf der ganz linken und auf der ganz rechten Seite zu werfen, die davon träumen, ein Regime zu errichten, wo sie allein das Sagen haben. Wo es wieder darauf hinausläuft, dass eine politische Richtung dominiert und sonst nichts. Und diesen Leuten sollte man vielleicht auch mit einem Hinweis auf das, was geschehen ist, kräftig gegenhalten«.

Oberschule von Eisenberg (1992), an der Thomas Ammer und
weitere Mitglieder des Eisenberger Kreises Schüler waren.

Schluss der Podiumsdiskussion. Doch beim anschließenden Empfang stehen Zeitzeugen und Schüler noch lange diskutierend zusammen, werden von Horst Köhler nach
ihren Eindrücken befragt. Handykameras klicken. Auf einem Foto gemeinsam mit dem
höchsten Repräsentanten der Bundesrepublik – das ist schon etwas Außergewöhnliches,
ein »Event«. Aber bleibt bei den Jugendlichen wirklich etwas haften von den Schilderungen der älteren Herrschaften dort oben, die aus einer Welt erzählen, in der Kinder wegen
einer Nichtigkeit frühmorgens von Uniformierten aus dem Bett geholt wurden, um nach
geheimen Gerichtsverfahren für Jahre als »Verräter« oder »Spion« hinter Gefängnismauern zu verschwinden?

Ja, sagt Schülerin Felicitas Geiger von der
Waldorf-Schule in Potsdam, die Schilderungen
von Zeitzeugen, die so etwas erlebt haben, seien
viel anschaulicher und beeindruckender als der
normale Geschichtsunterricht in der Schule. »Man
bekommt ein Gefühl für die Verhältnisse damals
in der DDR«, sagt die Schülerin, die zum Zeitpunkt der Diskussion im Bellevue 17 Jahre alt

> Sie wurde geboren,
> als die Mauer fiel, die
> DDR und die deutsche
> Teilung ist für sie von
> Anfang an Geschichte.

war und die auch zu den Jugendlichen gehörte, die sich ans Mikrofon getraut haben. Noch ein Jahr später erinnert sie sich an die Frage, die sie gestellt hat: Was den jungen Gefangenen damals die Stärke gegeben hat, die Haft zu überstehen. Felicitas Geiger kann sich auch an die Antworten erinnern, die Günther Schlierf und die anderen gegeben haben: Dass man sich in Bautzen gegenseitig Geschichten erzählt hat, einen Chor gegründet, Lieder gesungen hat, um im harten Knastalltag nicht unterzugehen.

Für ihr eigenes Leben sind diese Ereignisse weit weg. Ein Schicksal zu erleiden, wie es die Zeitzeugen auf der Bühne damals in ihrem Alter hatten, »das kann ich mir nur sehr schwer vorstellen«, sagt Felicitas Geiger. Sie wurde geboren, als die Mauer fiel, die DDR und die deutsche Teilung ist für sie von Anfang an Geschichte, die frühen Jahre des Arbeiter- und Bauernstaates sind wohl so weit entfernt wie der Erste und der Zweite Weltkrieg oder das Mittelalter. Die Ost-West-Problematik spiele in ihrer Klasse kaum eine Rolle, sagt sie. »Das ist kein präsentes Thema.« Warum auch – für Jugendliche fast zwei Jahrzehnte nach Ende der DDR? Aber in zwei Punkten hat die Diskussion im Bellevue ihre Haltung bestätigt: »Dass so etwas, wie die Zeitzeugen damals erlebt haben, nie wieder vorkommen darf«, sagt die Schülerin. »Und dass man sich als Jugendlicher politisch engagieren muss.« Selbstverständlich sei das auch an ihrer Potsdamer Waldorf-Schule nicht. »Es gibt Schüler, die sagen, dass sie unpolitisch sind«, berichtet Felicitas Geiger. Und ihre Lehrerin Sibylla Hesse, eine geborene West-Deutsche, trifft teilweise auf skeptische Gesichter ihrer Ost-Kollegen, wenn sie mit den Schülern Zeitzeugenprojekte über Unfreiheit und politische Unterdrückung in der DDR durchführt. »Die Kollegen aus dem Osten verstehen das als Kritik an ihrem damaligen Leben«, sagt die Pädagogin.

Thomas Ammer kennt diese Probleme, aber an diesem Tag im Schloss Bellevue hat er davon wenig bemerkt: »Sympathisch neugierig« seien die Schüler aufgetreten – und man habe gemerkt, dass sie gut vorbereitet waren. »Ich glaube, da bleibt was bei den jungen Leuten hängen. Ich hoffe, dass unsere authentischen Berichte und die Diskussionen zu einer gewissen Immunisierung gegen jeden politischen Extremismus beitragen«, sagt Ammer. Günther Schlierf sieht das ähnlich. »Ich staune, wie die gefragt haben«,

Günther Schlierf zeigt Bundespräsident Horst Köhler und Schülern eines der Originalplakate von 1948, die zu seiner Verhaftung führten.

sagt er. Und entfaltet vor den jungen Leuten im Bellevue das Originalplakat, das ihn, als er so alt war wie sie, damals in der DDR für Jahre ins Gefängnis brachte: »Dich rufen die Falken!« Auch das andere Plakat, das lange verschollen war, hat er mittlerweile wieder: »Leben wollen wir und arbeiten. Freie Menschen wollen wir sein.«

IM GESPRÄCH

Moderator:	Herr Bartsch, wie sind Sie damals in der DDR zur CDU gekommen?
Gerhard Bartsch:	Das ist ein etwas vielschichtiger Weg gewesen. Ich bin 1947, als die Schulreform in der damaligen Sowjetzone eingeführt wurde, von der Grundschule auf die Oberschule in Löbau gekommen und dort auch gleich ins Internat. Dort waren Schüler meines Alters oder etwas älter. Wir diskutierten über vielerlei Probleme, ganz besonders über weltanschauliche Probleme, die Heranwachsende interessieren. Dabei mussten wir merken, dass es eben schwierig war, vernünftig zu diskutieren, ohne an entsprechende Literatur heranzukommen. Das heißt, es war verboten, Westliteratur zu haben. Das führte dazu, dass wir uns illegal um Westliteratur bemühten. So bin ich öfters zum RIAS nach West-Berlin gefahren und habe dort Bücher besorgt. Vor allen Dingen war das Fenster zum Westen für uns die Monatszeitschrift »Der Monat«. Das war eine Zeitschrift, die herausgegeben wurde vom Kongress für kulturelle Freiheit.
	Zunächst einmal glaubten wir dann auch, dass es Sinn macht, dass wir in der FDJ mitgearbeitet haben und versucht haben, innerhalb der FDJ einen Gegenpol zur SED zu bilden. Aber das hatte ja dann auch irgendwann seine Grenzen. Im Internat waren auch ältere Schüler, die schon parteipolitisch gebunden waren. Das waren im Wesentlichen die SED-Leute, und es waren CDU-Leute. Wir schlossen uns der CDU an, weil das die einzig mögliche Gegenmeinung zu der SED war. Und wir haben als CDU-Betriebsgruppe an der Schule eine Wandzeitung durchgesetzt und vielerlei andere Dinge.
Moderator:	Herr Ammer, wie war Ihr Verhältnis zur damals in Gründung befindlichen DDR? War das noch ein Staat, wo Sie als junger Mensch Hoffnung sahen, Stichwort: Antifaschismus, Demokratie? Oder war das gleich etwas, was Sie abgelehnt haben?

Thomas Ammer

Thomas Ammer: Ich bin in einem stark antifaschistisch geprägten Elternhaus aufgewachsen. Zunächst einmal hatte ich eine positive Haltung zu dem, was die DDR zur Aufarbeitung des Faschismus unternahm, habe allerdings bald gemerkt, dass das einseitige Züge annahm.

Es war dann eigentlich ein ziemlich spontaner Vorgang, ausgelöst durch die Verfolgung der Mitglieder der Jungen Gemeinde, die eine lockere evangelisch-kirchliche Jugendorganisation gewesen ist. Die wurde ab Herbst 1952 vom Regime als Hort von ›Agenten des Imperialismus‹ und ›Handlanger des westdeutschen Monopolkapitals‹ und was weiß ich alles dargestellt. Diese ganze Propaganda ging dann im Frühjahr 1953 so weit, dass man Schüler zunächst aus der FDJ ausschloss und damit automatisch aus der Schule. Das haben wir auch an unserer Schule erlebt. Wir sind mehr oder weniger durch psychischen Druck und Betrug dazu gebracht worden, fast alle für den Ausschluss der Mitschüler aus der FDJ zu stimmen, weil wir dachten, an der Schule bleiben die Ausgeschlossenen doch. Das war natürlich ein totaler Irrtum. Aus diesem Ereignis heraus haben sich eben ein paar Schüler zusammengefunden und sich gesagt: ›Das machen sie mit uns nicht noch einmal. Wir sprechen uns in Zukunft ab, wenn so was sich wiederholt, und es wird dafür gesorgt, dass sie nicht diese erschwindelte Zustimmung kriegen.‹

Moderator: 1956 sind Sie sehr weit gegangen, da haben Sie mit Mitschülern einen Brandanschlag auf einen Schießstand verübt, an dem die Gesellschaft für Sport und Technik (GST) übte. Warum sind Sie so weit gegangen und war Ihnen eigentlich klar, was das für Folgen haben konnte?

Thomas Ammer: Also die Gefahr unmittelbar bei dieser Aktion war relativ gering. Das war eigentlich eine nur ganz primitive Baracke mit ein paar Rohholztischen, wo die Schützen darauf lagen, unbewacht, weitab von der Stadt. Der einzige Vorteil war aus unserer Sicht, dass es in der Nähe eines Sportplatzes war, und wer also dann später den Sportplatz besuchte, der musste diese Brandruine sehen. Das ist auch das Motiv gewesen, diese Sache anzugreifen. Die Todesstrafe war damals nicht ausgesetzt, die gab es schon. Allerdings haben wir uns versprochen, so zu Werke zu gehen, dass wir nicht erwischt werden. Und wir sind ja auch bei dieser Aktion und wegen dieser Aktion nicht erwischt worden. Das Ganze sollte eine Demonstration sein gegen die damals unmittelbar bevorstehende Gründung der Nationalen Volksarmee und die damals von uns erwartete Einführung der allgemeinen Wehrpflicht, die dann tatsächlich erst ein paar Jahre später kam. Mit dieser Propagandaaktion sollte deutlich werden, da gibt es Leute, die gegen diese Militarisierung etwas unternehmen und gleichzeitig dieser vormilitärischen Organisation, dieser Gesellschaft für Sport und Technik, und den Kampftruppen und auch der örtlichen Volkspolizei das Übungsschießen ein bisschen vermiesen.

Schülerinnen und Schüler lauschen den Zeitzeugen auf dem Podium;
v. l. n. r.: Thomas Rogalla, Günther Schlierf, Günter Assmann, Gerhard Bartsch,
Thomas Ammer

Schüler: Sie haben alle geschildert, dass Sie sehr durch diesen totalitären Staat geprägt worden sind. Inwiefern hat Sie das noch im Nachhinein in Ihrem Leben begleitet? Konnten Sie das alles auch einmal vergessen?

Gerhard Bartsch:	Ich denke, das ist individuell sehr unterschiedlich. Es gibt Leute, die das auch nach 20 Jahren noch immer ganz unmittelbar erleben. Andere vielleicht nur noch im Traum, dazu gehöre ich. Aber ansonsten: Das Leben danach hatte so viele neue Aspekte, die mich persönlich dann gefangen genommen haben. Ich glaube, dass ich eigentlich sehr gut über diese Zeit hinweggekommen bin. Psychische Schäden, leibliche Schäden habe ich nicht.
Thomas Ammer:	Also die Verfolgungssituation oder etwa das Hafterlebnis ist im Laufe einiger Jahre so in den Hintergrund getreten, dass es mich nicht mehr sehr belastet hat. Abgesehen von einigen eher merkwürdigen Reaktionen: In den ersten Jahren, als ich hier in Bonn war, reagierte ich bei Polizeikontrollen ausgesprochen nervös. Ganz einfach, weil die nordrhein-westfälische Polizei fast dieselbe Uniform trug wie die Wachmannschaften im Zuchthaus Brandenburg. Aber ansonsten habe ich dann die Auseinandersetzung mit der DDR fortgesetzt, zum Teil durch Veranstaltungen in der politischen Bildung und dann eben auch wissenschaftlich und durch Archivtätigkeiten im Gesamtdeutschen Institut bis dann zuletzt im Sekretariat der Enquete-Kommission.

Die Gesprächsrunde im Schloss Bellevue; v. l. n. r.: Thomas Rogalla, Günther Schlierf, Günter Assmann, Gerhard Bartsch, Thomas Ammer

Schülerinnen:	Sie haben alle angedeutet, dass Sie sich über die Konsequenzen Ihrer Tat nicht so bewusst waren, dass Sie spontan gehandelt haben. Würden Sie es denn heute noch einmal genauso machen, obwohl Sie jetzt wissen, was Ihnen dann geschehen ist?

Günter Assmann:
Der Juni-Aufstand wurde ja spontan begonnen durch die Arbeiter, die gegen die Normerhöhung demonstrierten. Görlitz war damals die einzige Stadt, in der es keine Regierung mehr gab, kein Bürgermeister mehr da war und die Polizei aufgelöst worden war bis nachmittags um 16 Uhr, als die Sowjetarmee mit ihren Panzern eingefahren kam und die Leute von der Straße wegholte. Ich kam aus der Haft damals heraus, da fuhr der Panzerwagen bei mir vor und ein Soldat hat die Klappe vom Panzerwagen aufgemacht und ich habe dann auf Russisch gefragt: ›Hallo lieber Leutnant, was machst du denn hier? Was willst du denn hier, das ist doch unsere Angelegenheit?‹ Er sagte zu mir: ›Nein, geh' fragen erstmal die Leute, die uns gerufen haben, denen wir helfen. Wir führen Befehle aus, geh' nach Hause, es kann schlimm für Euch werden.‹ Da habe ich mir doch Gedanken gemacht: War das gut, war es richtig? Und am nächsten Tag hat es keinen Unterricht gegeben in der einzigen Schule in Görlitz, Schule 13 in Rauschwalde. Der Stadtschulrat war da mit jemandem von der Staatssicherheit. Wir Lehrer haben »Nein« gesagt an der Schule, und daraufhin sind die anderen Kollegen alle aufgeteilt worden, das Schulkollegium ist nach dem Aufstand getrennt worden. Ich jedoch war der Einzige, der für acht Jahre ins Zuchthaus abmarschiert ist.

Günter Assmann

Günther Schlierf:
Hoffnung hatten wir schon gehabt. Wir waren ja erst auf der normalen Zelle, also einer Ein-Mann-Zelle, wo dann aber vier Mann waren, wir sagten immer »Obstregal«. Wir wurden 1950 von Deutschen übernommen und dachten, es würde besser werden. Aber es wurde schlechter: zunächst die Verpflegung. Die

Günther Schlierf

Russen haben den Deutschen gesagt, es sei eine normale Beleg-schaft – aber in Wirklichkeit waren 6.000 Häftlinge da. Und die Deutschen waren auch nicht die Feinsten, »Du Faschist« und »Lieber vergasen wir euch«, das war der Ton der Volkspolizisten. Als ich dann aus dem Jugendsaal kam, musste ich meinen Posten schieben, musste ich nachts Streife laufen. Wir haben dann einen jungen Chor gegründet und haben dann in der Kirche gesungen, wir haben bei den TBC-Kranken gesungen.

Moderator:

Was geben Sie den Schülern heute mit aus Ihren Erfahrungen von damals?

Thomas Ammer:

Also zunächst muss man sich wirklich darüber im Klaren sein, dass ein wesentlicher Unterschied besteht zwischen dem poli-tischen und gesellschaftlichen System, was wir heute haben, und dem, was in der DDR existierte. Und demzufolge sind die Reak-tionen darauf auch völlig unterschiedlich, die man haben sollte. Ich glaube, hier geht es vor allem darum, dass man sich das, was sich in solch einem Regime wie der DDR, in der Sowjetunion oder auch im NS-Regime abgespielt hat, vergegenwärtigt und sich vielleicht darüber Gedanken macht, wie man in einem solchen Regime gelebt hätte und was man dagegen hätte unternehmen können, unternehmen sollen. An zweiter Stelle ist es ratsam, einen kritischen Blick auf die Parteien, Gruppen und sonstige Leute auf der ganz linken und auf der ganz rechten Seite zu wer-fen, die davon träumen, ein Regime zu errichten, wo sie allein das Sagen haben. Wo es wieder darauf hinausläuft, dass eine politische Richtung dominiert und sonst nichts. Und diesen Leu-ten sollte man vielleicht auch mit einem Hinweis auf das, was geschehen ist, kräftig gegenhalten.

Gerhard Bartsch: Ich wünsche Ihnen allen, dass Sie während Ihres Lebens nicht einem totalitärem System ausgeliefert sind und dass Sie dagegen nicht Stellung nehmen müssen. Um deutlich zu machen, was Totalitarismus ist, empfehle ich Ihnen, einmal Hannah Arendt zu lesen. Da geht es um Totalitarismus. Die meisten, die das erlebt haben, haben das leider nicht gelesen. Es fasst vieles zusammen, was wir erlebt haben und von dem ich mir wünsche, das es Ihnen erspart bleibt.

Gerhard Bartsch

UNANGEPASSTE
JUGENDLICHE IN DER DDR

Achim Beyer, Michael »Pankow« Boehlke, Ralf Hirsch und Claudia Rusch im Gespräch mit Schülerinnen und Schülern des Albrecht-Dürer-Gymnasiums (Berlin-Neukölln) und des Christian-Ludwig-Liscow-Gymnasiums Wittenburg (Mecklenburg-Vorpommern), moderiert von Jacqueline Boysen.

11. MÄRZ 2008, SCHLOSS BELLEVUE

JACQUELINE BOYSEN

»GEGEN DEN STROM«

Bundespräsident Horst Köhler, Vorstandsvorsitzender Rainer Eppelmann und Geschäftsführerin Anna Kaminsky mit den Teilnehmern der Gesprächsrunde, v. l. n. r.: Anna Kaminsky, Achim Beyer, Rainer Eppelmann, Bundespräsident Horst Köhler, Claudia Rusch, Ralf Hirsch, Michael Boehlke, Jacqueline Boysen (Moderatorin)

»Junge Leute wie Sie haben die DDR nicht erlebt« – der Bundespräsident ermuntert sein überwiegend junges Publikum, sich mit dem untergegangenen zweiten deutschen Staat zu befassen. Die Ehrfurcht vor dem Vormittag in offizieller Atmosphäre verfliegt. Und Horst Köhler weckt bei den sechzig Schülern, die ins Schloss Bellevue gekommen sind, die Neugier auf eine Geschichtsstunde besonderer Art.

»Sie kennen das Unterdrückungssystem der SED-Diktatur und den Widerstand vieler mutiger Menschen, die sich damals in Ostdeutschland für Freiheit, Demokratie und Menschenrechte eingesetzt haben, nur aus Büchern, Filmen oder Erzählungen«, sagt der Bundespräsident. Doch die anwesenden Abiturienten bringen eine Vorbildung mit – nicht nur, dass sie die Diskussion beim Bundespräsidenten in der Schule vorbereitet hatten, überhaupt spiele bei ihnen im Geschichtsunterricht die DDR eine wichtige Rolle, hat eine der Schülerinnen aus Mecklenburg-Vorpommern vorab erzählt.

»Vielleicht kennen Sie ganz andere Erzählungen«, sagt Horst Köhler, »solche, in denen die DDR als behüteter Ort verklärt wird, wo jeder einen Arbeitsplatz hatte, wo das Leben übersichtlich und nur die Südfrüchte knapp waren.« Er könne gut nachfühlen, dass viele Menschen sich nach Sicherheit und Überschaubarkeit sehnen, bekennt der Bundespräsident von seinem Rednerpult aus. »Wer aber glaubt, die DDR hätte diese

Bundespräsident Horst Köhler spricht zu den Schülerinnen und Schülern

] Debatten, die in der DDR bestenfalls im Privaten geführt wurden, können im Angesicht des Staatsoberhaupts ausgetragen werden.

Wünsche erfüllt, täuscht sich. Denn für die vermeintliche Sicherheit, die das SED-Regime damals bot, wurde den Menschen ein hoher Preis abverlangt. Bis zu 250.000 Frauen, Männer und Jugendliche wurden nach Schätzung von Experten in der SBZ und der DDR im Gefängnis eingesperrt – nur weil sie eine andere Meinung vertraten als die Machthaber. Und auch wer nicht inhaftiert war, wer einfach nur sein Leben mit Meinungs- und Reisefreiheit führen wollte, wer gar versuchte, seinen Kindern Meinungsfreiheit zu vermitteln, erlebte permanent Gängelung und stieß an Grenzen – nicht nur solche aus Beton und Stacheldraht, sondern auch aus Verboten und subtilem Zwang zur Anpassung.«

Um Menschen, die sich in jungen Jahren bereits der staatlichen Bevormundung widersetzt haben, dreht sich die Veranstaltung im Schloss Bellevue. Jugendliche von heute treffen Jugendliche von damals – vier Menschen, die sich einst auf ganz unterschiedliche Weise und mit grundverschiedener Motivation dem allgegenwärtigen Zwang zur Anpassung widersetzten. Diese vier Zeitzeugen sitzen noch unerkannt im Publikum, sie scheinen sich zu sammeln, bevor sie angereisten Schülern Rede und Antwort stehen und vom Unangepasstsein in der Gesellschaft der Angepassten berichten. Im Amtssitz des Staatsoberhaupts über politischen Widerstand, aber auch über weniger kämpferische Formen von jugendlicher Aufmüpfigkeit und Renitenz zu sprechen ist reizvoll. Ohne dass es theoretischer Erklärungen bedürfte, zeigt die Demokratie beim offenen Austausch von Meinungen und eigenen Ansichten ihr vorrangiges Wesensmerkmal. Debatten, die in der DDR bestenfalls im Privaten geführt wurden, können im Angesicht des Staatsoberhaupts ausgetragen werden.

In der DDR galt oft schon das Gegen-den-Strom-Schwimmen von Heranwachsenden der regierenden Staatspartei, aber auch vielen Lehrern oder Eltern nicht nur als Provokation, sondern als Widerstandshandlung. In unzähligen Fällen wurden derlei angeblich staatsfeindliche Akte vom Ministerium für Staatssicherheit und der Justiz geahndet und verfolgt. Horrorgeschichten aus einer versunkenen Welt?

Die Hälfte der zwischen sechzehn und neunzehn Jahre alten Schüler, die dem Bundespräsidenten zuhören, besucht das Christian-Ludwig-Liskow-Gymnasium in Wittenburg in Mecklenburg-Vorpommern. Ihnen wird das, was ihr Gastgeber über die DDR, deren bankrotte Wirtschaft, den Raubbau an der Natur und über die scheinbare Idylle des Soziallebens in der Diktatur sagt, vertrauter sein als der anderen Hälfte der jugendlichen Zuhörer, die sich am Albrecht-Dürer-Gymnasium in Berlin-Neukölln auf ihr Abitur vorbereiten. Aber auch sie, mehrheitlich aus dem West-Berliner Umfeld und aus Migrantenfamilien, verfolgen aufmerksam, was der Bundespräsident über das Räderwerk der Unterdrückung in der DDR sagt, in das hineingeraten konnte, wer seine eigene Musik hören wollte, einen eigenen Berufswunsch verfolgte oder sich seine Freunde selbst auszusuchen wagte. Gewichten sie das Gehörte? Bringen sie es in Verbindung zu Filmen wie »Sonnenallee« oder »Das Leben der Anderen«? Kontrastiert das eindeutige Urteil des Bundespräsidenten über die DDR als Diktatur möglicherweise mit Erzählungen von Eltern oder Großeltern über ihr Leben in der DDR?

Hochzeitsgesellschaft in Erfurt: Auch der private Alltag in der DDR war nicht frei von Versuchen ideologischer Beeinflussung durch den SED-Staat.

Lebensglück in der DDR gab es nicht wegen, sondern eben doch im Wesentlichen trotz des SED-Regimes.

Bei all dem, was über Schikanen oder Verfolgung in der 1989 »hinweggefegten« DDR gesagt werden wird – es gehe nicht darum, das persönliche Lebensglück der Menschen gering zu schätzen oder ihre Leistungen abzuwerten, betont der Bundespräsident. »Leistungen, die sie meist unter viel schwierigeren Bedingungen erbringen mussten als ihre Landsleute im Westen ... Diese Leistungen und dieses Lebensglück gab es nicht wegen, sondern eben doch im Wesentlichen trotz des SED-Regimes. Das sollte nicht unseren Respekt vor der Lebensleistung vieler Menschen schmälern, aber es sollte uns wachsam machen gegen alle Versuche, die DDR schönzureden.«

Als seinen »Mitgastgeber« bittet der Bundespräsident Pfarrer Rainer Eppelmann ans Rednerpult. Der Vorstandsvorsitzende der Bundesstiftung zur Aufarbeitung der SED-Diktatur wird eine Einführung in das Thema geben. Der einstige Kreisjugendpfarrer aus Berlin, Jahrgang 1943, spricht über die Phänomene Jungsein und Erwachsenwerden, die stets mit Aufmüpfigkeit verbunden seien. Von Generation zu Generation gibt die Jugend den wichtigen Impuls zur Modernisierung und Erneuerung. Unserer Gesellschaft, in der Freiraum zur individuellen Entfaltung offen eingefordert werden kann, stellt Eppelmann das staatlich kontrollierte und reglementierte Jungsein in der totalitären

Die Regierenden wollten alle haben.

Teilnehmer des FDJ-Pfingsttreffens 1989 in Ost-Berlin

DDR gegenüber. »Das Regime glaubte«, so der Mitgründer des Demokratischen Aufbruchs, »auf dem Weg in die kommunistische Gesellschaft aus der Jugend heraus einen neuen Menschentyp formen zu können, eine sogenannte sozialistische Persönlichkeit. Sie sollte der Partei und ihrer Ideologie treu ergeben sein, ihr eigenes Wohl unter das des Kollektivs stellen und mit Pflichteifer und Disziplin beim Aufbau des Sozialismus mithelfen. Und die Regierenden glaubten, wenn sie diese Jugend hatten – und deswegen war es ihnen wichtig, dass Jugendarbeit nur von ihnen gemacht werden durfte –, dann, meinten sie, haben sie irgendwann einmal alle. Welch' fatale, schreckliche Vorstellung: Alle haben zu wollen!«

Einige Schüler blicken bei der Formulierung auf. Die Erinnerung an den Besitzanspruch der Herrschenden schreckt sie auf. Die Regierenden wollten alle haben. Pfarrer Eppelmann kaschiert, dass er als Zeitzeuge spricht. Ihn hatten sie nie. Als einstiger Gemeindepfarrer in Berlin-Friedrichshain stellte sich der Theologe über Jahrzehnte der Staatsmacht unbeugsam entgegen. Sein Mut und seine Tatkraft haben nicht allein die oppositionelle Friedensbewegung in der DDR gestärkt und geprägt. In der Samaritergemeinde öffnete Rainer Eppelmann mit den Bluesmessen darüber hinaus auch vielen nichtchristlichen Jugendlichen den Raum, den der Staat adoleszenten Querköpfen, engagierten Umweltschützern oder langhaarigen Anhängern des Blues verweigerte. Auch innerhalb seiner Gemeinde wurden die offenkundig andernorts nicht geduldeten Jugendlichen nicht von allen Gemeindemitgliedern mit offenen Armen willkommen geheißen. Rock oder Punk bei Alkohol in der Kirche missfielen nicht wenigen. Eppelmann vermeidet es, über Konflikte zu sprechen, die er austrug. Der einstige Mitgründer des Demokratischen Aufbruchs kokettiert nicht mit seinen Erfahrungen als protestierender Protestant. »Ich habe das hautnah miterlebt«, wird er zum Ende sagen.

Die 1979 von Rainer Eppelmann und anderen organisierten Blues-Messen in der Berliner Samariterkirche waren Gottesdienste mit Blues-Musik. Sie entwickelten eine Magnetkraft auf Jugendliche aus der gesamten DDR. Die Mischung aus Musik und ironisch-frechen Sketchen kam an und gilt bis heute als ein Modell für nonkonformes, christlich-politisches Handeln in der DDR.

Wie bedeutsam das von ihm in seiner Kirche eröffnete Refugium für seine Schütz-linge damals war, erschließt sich von allein. Eine Gesellschaft wie die der DDR, in der über 90 Prozent aller schulpflichtigen Kinder Mitglied der Kinderorganisation der Staats-partei waren und über 90 Prozent der Teenager als Mitglieder von der Jugendorgani-sation dieser Partei geführt wurden, würdigte Eigenständigkeit oder Individualismus nicht als Tugend. Sie wollte Nonkonformismus zum Verschwinden bringen.

Junge Pioniere bei einem Kinderfest und einer »Friedensfeier«

»Um das zu erreichen, wurde die nachkommende Generation von Kindesbeinen an in ein enges Korsett aus Institutionen geschnürt und auf die Parteilinie getrimmt. Bereits in der Kinderkrippe und später in der Schule waren die Kinder und Jugendlichen einer massiven ideologischen Einflussnahme ausgesetzt, die von einem autoritären Er-ziehungsstil begleitet wurde. Ihnen wurde die Überzeugung von der sogenannten his-torischen Mission der Arbeiterklasse und vom Kommunismus als Zukunft der ganzen Menschheit geradezu eingebleut. Kritisch nachgefragt oder gar diskutiert werden durfte meistens nicht.« Rainer Eppelmann, der einst als Vorsitzender zweier Enquete-Kommis-sionen des Deutschen Bundestages zur Aufarbeitung der SED-Diktatur bemüht war, die Phänomene des Unterdrückungsapparates so konkret wie möglich zu erfassen, macht es dem Auditorium leicht: Die Schüler in der DDR, so erklärt er den Schülern der Bundes-republik, konnten auch nach Schulschluss dem allumfassenden Erziehungsanspruch der Partei nur schwer entkommen. Die Freie Deutsche Jugend durchdrang als Jugend-organisation der SED die Schule und die Freizeit. Ihre Funktionäre setzten die Indok-trination von Kindern und Jugendlichen auch nach der Schule fort. Den oft verspotteten Kampfbegriff der Nietenhose erspart Rainer Eppelmann seinen Zuhörern. Aber er erin-nert daran, dass bisweilen aus der Schule nach Hause geschickt wurde, wer wagte, in Jeans im Unterricht zu erscheinen. Oder dass Plastiktüten mit Reklame aus dem Westen bei Lehrern und der Schulleitung nicht gut ankamen. Oder die Rolling Stones offiziell verpönt waren. Diese Beispiele sind es, die den Schülern von heute die Situation damals plastisch werden lassen.»Ich habe mir nie Gedanken darüber gemacht, wie abgeschlossen das alles war«, meint eine Schülerin im Anschluss an die Veranstaltung nachdenklich.

Wie vor ihm der Bundespräsident will auch Rainer Eppelmann den Schulern eine Brücke bauen, die innerhalb ihrer Familien oder in der Schule mit divergierenden per-sönlichen Erinnerungen und mit einem milderen Urteil über die DDR konfrontiert sind. Trotz der Dominanz der SED, trotz aller totalitärer Vereinnahmung konnte man in der DDR eine glückliche Jugend verbringen, stellt er fest. Natürlich passten sich die meisten not-gedrungen an, suchten sich private Freiräume und Nischen und arrangierten sich. »Wer sich nicht bewegt, der spürt eben auch nicht die unsichtbaren Ketten«, sagt Eppelmann ohne Anklage. Er selbst hatte in den sechziger Jahren nach seiner Einberufung den Dienst an der Waffe verweigert und war zu den Bausoldaten der NVA abkommandiert. Nachdem er das Gelöbnis verweigert hatte, wurde er zu acht Monaten Militärhaft ver-urteilt. Eppelmann berichtet von Jugendlichen, die in der DDR der siebziger und acht-ziger Jahre alternative Lebensformen erproben wollten, die gegen die geistige Öde rebel-lierten und sich dem Vormachtsanspruch von SED und FDJ widersetzten. Sie bekamen die geballte Macht des Systems zu spüren. Wer sich verweigerte, hatte mit Sanktionen zu rechnen. So wurde unzähligen als unliebsam abgestempelten Mädchen und Jungen das Abitur verweigert und ein Studium unmöglich gemacht: Der Staat verbaute unan-gepassten Jugendlichen die Zukunft. Eppelmann unterscheidet nicht zwischen denje-nigen, die sich zum Ärger der Staatsmacht in der kirchlichen Jugendarbeit oder in der Friedens- und Umweltbewegung politisch engagierten, und Punks oder Hippies, die schlicht gegen Konvention und Normalität verstießen. Anders der Unterdrückungs-apparat: Angeblich staatsfeindlich eingestellten Jugendlichen drohte die Abschiebung aus ihrem Wohnort, die Einweisung in ein Jugendheim oder

> Wer sich nicht bewegt, der spürt nicht die unsichtbaren Ketten.

In den Jugendwerkhöfen der DDR sollten Jugendliche umerzogen werden, die nicht in das Bild der sozialistischen Gesellschaft passten. Die Geschichte des einzigen Geschlossenen Jugendwerkhofs in Torgau mit gefängnisähnlichen Zuständen ist ein besonders bedrückendes Kapitel der DDR-Heimerziehung.

– insbesondere in den fünfziger Jahren – Relegationen, Schauprozesse und langjährige Haftstrafen.

Kurz nur beschreibt Rainer Eppelmann den Freiraum, der in Teilen der evangelischen Kirche herrschte: Pfarrer, die sich dem Staat nicht beugten, öffneten ihre Gemeinden, die sich zu Parallelwelten entwickelten. »Die Kirche gab der Jugend immer wieder einen Raum, in dem sie sich bewegen, sich ausprobieren, sich entdecken konnte. Sie nahm sich mit ihrer Jugendarbeit auch der von offizieller Seite oftmals als asozial abgestempelten jungen Menschen an: der Blues-Fans, der Hippies, der Punker oder auch der Querdenker und Oppositionellen. Ihnen allen bot sie ein Dach für ihre Aktivitäten und Unterstützung bei ihren Problemen an. Oft an der Grenze des Erlaubten, staatlicherseits oft misstrauisch beäugt.«

Nachdenklich sehen die Schüler aus. Konzentriert hören sie zu, einige machen sich Notizen. An den Stirnseiten des lichtdurchfluteten Saales fangen Gotthard Graubners riesige Gemälde die Lichtreflexe auf. »Begegnungen« hat der Künstler die in gelben und violetten Tönen changierenden Werke genannt, die – gepolsterten Wänden gleich – dem Raum Farbe und den Blicken ein Ziel geben, ohne den Betrachter auf einen Inhalt zu lenken. Ungegenständliche Malerei war den Kulturpolitikern der SED lange Zeit ein Graus. Für eine Zeitreise zurück bietet sie keine schlechte Kulisse.

Wer sind nun diejenigen, deren Erlebnisse beispielhaft zeigen sollen, was das Unangepasstsein in einem Staat wie der DDR bedeutete?

Die Kirche gab der Jugend immer wieder einen Raum.

Jugendliche beim Evangelischen Kirchentag 1987 in Ost-Berlin

Auf dem Podium nehmen Claudia Rusch, Ralf Hirsch, Achim Beyer und Michael Boehlke ihre Plätze ein – vier Zeitzeugen, wie sie unterschiedlicher kaum sein könnten. Etwas Rebellisches sieht man ihnen fast zwanzig Jahre nach dem Ende der DDR auf den ersten Blick nicht an. Was unterschied die vier von jenen fast 17 Millionen bescheidenen, unauffälligen und loyalen Bürgern, nach denen der sozialistische Staat verlangte – und die auch jede andere Gesellschaft prägen? Warum zählten ausgerechnet sie zu den Ausreißern, den Unbequemen, denen die SED keinen Raum gab und die doch eigentlich eine Gemeinschaft bereichern und inspirieren könnten? Und warum ließ sich die regierende Staatspartei von diesen vier Ausreißern und Unbequemen provozieren?

Claudia Rusch, geboren 1971, ist Schriftstellerin. Sie hat einen autobiografischen Band geschrieben über das, was sie ihre »freie deutsche Jugend« nennt und was keinesfalls zu verwechseln ist mit der staatlichen Jugendorganisation gleichen Namens. Claudia Rusch lacht: »Mich hat einmal eine Buchhändlerin eingeladen und mein Buch dann bei der Lesung begeistert vorgestellt als ›Meine FDJ‹ – die hat sich dann ziemlich gewundert und hätte mich wohl auch nicht eingeladen, wenn sie über mich und das Buch etwas gewusst hätte!« Die junge Autorin beschreibt in diesem Buch ihre Kindheit in der DDR als frei, denn tatsächlich wuchs sie in einem Umfeld auf, das die Freiheit hochzuhalten

Claudia Ruschs Buch
»Meine freie deutsche Jugend«

bemüht war. Nach der Trennung von ihrem durchaus staatstreuen Vater, einem Marineoffizier, lebte sie mit ihrer Mutter in Grünheide bei Berlin. Hier wohnte der prominente Dissident Robert Havemann, der seit 1956 seine eigene Partei massiv kritisierte. Dogmatismus warf der Kommunist und Chemiker der SED-Spitze vor, die ihn aus ihren Reihen ausschloss, mit einem Berufs- und Publikationsverbot belegte und Havemann die Mitgliedschaft in der Akademie der Wissenschaften der DDR entzog. Der von Robert Havemann in den sechziger Jahren entwickelte Begriff von der »Freiheit des Einzelnen im Sozialismus« erlangte – allen Einschränkungen zum Trotz – weit über seinen einstigen Hörsaal an der Berliner Humboldt-Universität hinaus an Bedeutung.

»Nach der Scheidung meiner Eltern gab es nicht viele Möglichkeiten«, erzählt Claudia Rusch. »Meine Mutter war bedroht worden, dass man mich ihr wegnimmt. Robert Havemann hatte damals die sehr gute Idee, dass wir nach Grünheide ziehen sollten. Das taten wir, weil, wie er sagte, sie sich nicht in die Höhle des Löwen trauen. Und das taten sie auch nicht. Das war im September 1976, und da war ich fünf Jahre alt.« Im November desselben Jahres ist Wolf Biermann ausgebürgert worden. Und danach stand Robert Havemann unter Hausarrest. »Da waren wir mittendrin, umgeben von einem unheimlichen Aufgebot an Sicherheitskräften.« Für die Kinder in Grünheide sei das abenteuerlich gewesen: »Die Stasi hinter den Bäumen. Sie versteckten sich und fuhren mit den Autos immer hinter uns her. Aber zugleich war uns die Bedrohlichkeit auch bewusst.« Als Tochter einer Mutter, die mit Havemanns befreundet war, lebte Claudia Rusch als Kind unter

Die Stasi hinter den Bäumen. Sie versteckten sich und fuhren mit den Autos immer hinter uns her.

denselben absonderlichen Lebensumständen wie die Kinder der Havemanns – stets bewacht von Mitarbeitern der Staatssicherheit. Diese wurden von den Erwachsenen offenbar so konsequent als »Kakerlaken« bezeichnet, dass Claudia Rusch auch Jahre später nicht fassen konnte, dass andere Menschen unter diesem Begriff veritables Ungeziefer verstehen.

Jede Geste, jede Antwort von Claudia Rusch bestätigt: Hier sitzt ein Mensch, der macht, was er will. Claudia Rusch hat gelernt, sich zu behaupten. In ihren Kindheitserinnerungen schildert sie in 26 Episoden die Kleingeistigkeit und Enge der DDR aus Kindersicht, aber nicht verharmlosend. »Ich habe mich gesträubt, als ich gefragt wurde, ob ich an dieser Veranstaltung, an diesem Forum teilnehmen wollte«, gesteht sie. Denn sie habe schließlich – anders als die drei Mitdiskutanten – nicht irgendwann bewusst entschieden, unangepasst

Über Robert Havemann (hier 1960), einen der bedeutendsten Regimekritiker der DDR, wurde 1976 ein unbefristeter Hausarrest auf seinem Grundstück in Grünheide verhängt.

Absperrmaßnahmen in Grünheide durch Polizei und Staatssicherheitsdienst während des dreijährigen Hausarrests von Robert Havemann

zu leben. »Ich hatte gar keine andere Chance.« Sie hätte sich dem Rahmen, in dem sie groß wurde, entziehen können, überlegt sie: »Aber dann hätte ich spießig werden müssen und eine Parteikarriere machen.«

Die Schüler nicken, nein, spießig will kein Heranwachsender werden. Sie scheinen zu verstehen, dass Claudia Ruschs Kindheit unkonventionell und in anderen als den üblichen Bahnen verlief und dass dies von der Mutter und dem Freundeskreis vorgegeben war. Und wie nimmt ein Kind wahr, dass die Mitschüler anders aufwachsen als man selbst? »Wir haben es als völlige Normalität wahrgenommen. Ich wusste immer, es gibt sozusagen eine dunkle Seite in meinem Leben, die anders ist als bei den andern.« Claudia Rusch versetzt sich in die Kinderperspektive zurück, sie spricht von richtig und falsch und davon, dass ihr eigenes, »richtiges« Leben zu Hause stattgefunden habe, in einem ausgesprochen freigeistigen Umfeld: »Diese ganze DDR-spießige Langeweile, das Ducken, das kenne ich von zu Hause überhaupt nicht. Bei uns herrschte ein Sammelsurium von Aussteigern, von Leuten, die mutig waren, schillernd. Und daher war für mich immer klar, das andere muss die falsche Welt sein, die Welt außerhalb, auch die Welt der Schule. Und mir war auch klar, dass die Welt der DDR meine nicht ist.«

> Mir war auch klar, dass die Welt der DDR meine nicht ist.

Die Schüler im Auditorium merken auf: Claudia Rusch hat mit dieser Haltung Konflikte mit der ihr fremden Welt der Schule ausgetragen, Lehrer und FDJ provoziert. Und doch sagt sie: »Wir waren die letzten echten Ossis!« Als die Mauer im November 1989 fiel, war sie gerade 18 Jahre alt, ging auf die Erweiterte Oberschule und zählt folglich zum letzten Abiturjahrgang der DDR. »Wir haben noch komplett das Schulsystem des Ostens durchlaufen mit allen Schwierigkeiten und allen Garstigkeiten und Zivilverteidigung.« Sie versucht ihren Zuhörern deutlich zu machen, dass ein Studium in der DDR für sie nicht zur Debatte stand. »Für mich war klar: Ich verlasse das Land und zwar so schnell wie möglich.« Wie aber konnte sie mit dieser Haltung überhaupt Abitur machen?

Ihre damalige Schulleiterin hatte sich für sie stark gemacht. Claudia Rusch zögert, scheut sich, die Geschichte zu erzählen. Doch der Blick in den Saal bestätigt ihr: Die Schüler verstehen historische Zusammenhänge am ehesten, wenn sie vor dem Hintergrund ihrer eigenen Lebenswirklichkeit spielen. Claudia Rusch beginnt sich zurückzuversetzen: »Man muss verstehen, dass nicht jeder Funktionär der DDR gleich ein Kinderfresser oder ein Kameradenverräter war. Das gab es, häufig auch kombiniert, aber nicht alle waren so. Und die Direktorin meiner Schule, da hatte ich einfach Glück, war jemand, der die DDR reformieren wollte. Sie hatte Interesse an wachen Köpfen.« Diese Eigenständigkeit habe sich im Rahmen dessen abgespielt, was in der DDR eben zulässig war. »Das ist ganz anders als heute in einem freien Land, wo man sich komplett entfalten kann, man hält sich in einer Diktatur immer im gewissen Maße an die Regeln.« Als querköpfig aber galt sie. Als diese Querköpfigkeit ihre Zulassung zum Abitur gefährdete, setzte ihre Direktorin sich für sie ein. »Der Zufall wollte, dass sie just in dem Jahr, in dem ich diese Abiturbewerbung abschickte, ins Amt des Schulinspektors des Stadtbezirks versetzt wurde.« Die Direktorin nahm die Abiturbewerbungen entgegen und musste darüber befinden. »Sie bestellte uns in ihr Büro und sagte, wir haben hier ein Problem, aber solange ich diese Stelle habe, werde ich dafür sorgen, dass Claudia ihr Abitur kriegt. Und dann hat sie ein bisschen getrickst und so bekam ich einen Abiturplatz. Aber für mich war klar, ich verlasse das Land so schnell wie möglich. Das hätte auch bedeutet, dass ich meine Familie verlasse und alles, was ich liebte. Was das wirklich bedeutet hätte, das war mir mit 18 nicht klar.«

Auf Michael Boehlke sei er besonders gespannt, hatte einer der Schüler aus Berlin vorab erzählt. Ein Punk aus der DDR, heute über vierzig – ein Zeitzeuge, auf den sicherlich viele Schüler neugierig sind. Der Mann, um den es geht, trägt weder Lederkluft noch Sicherheitsnadel im Ohr, keine Irokesenfrisur oder Springerstiefel. Michael Boehlke, 1964 geboren, leitet heute das Ausstellungs- und Filmprojekt »too much future« über Punk in der DDR. Auch wenn er seine Interessen von einst heute zum Beruf gemacht hat, sieht man ihm den Punk von damals nicht mehr an. Immerhin möchte er mit seinem damaligen Spitznamen vorgestellt werden: Pankow nannte der erste Punk in Berlin-Pankow sich, und als Pankow tritt er vor die Schüler und den Bundespräsidenten.

Michael »Pankow« Boehlke, 1982

Wie sah der freundliche, schalkig lächelnde und jugendlich wirkende Musiker also nun in seiner Jugend aus? Die Frage liegt nahe, und doch scheut sich Michael Boehlke, sein damaliges Aussehen zu beschreiben: »Man hat abstehende Haare und zieht irgendwie Sachen an, die man selber schneidert.«

Pankow hatte als Jugendlicher eine aus dem Westen einge-
schmuggelte Bravo in die Finger bekommen und damit ein Bild
des irischen Punks Johnny Rotten von den Sex pistols. Das hin-
terließ einen so starken Eindruck, dass Pankow mit einem
Freund in den Schlosspark ging und sich die Kleider zerriss.
Punk wurde sein Lebensstil und, wie er heute sagt, auch eine
Chance für ihn. Er lernte, sich selbst zu inszenieren, einen Stil
zu finden, einen eigenen Gang – und sich natürlich über seine
eigene Musik auszudrücken. Als Sänger der Band Planlos trat
Pankow illegal auf und setzte sich über die Uniformität der DDR hinweg. »Zum Punk
werden, das war das Gebot der Stunde. Das war total normal, dass wir etwas anders
machen wollten. Es gab für uns gar keine Alternative. Man konnte nur Punk werden.«

Lange vor der Episode mit dem Foto aus der Bravo hatte Michael Boehlke Erfahrung gemacht mit dem Vereinheitlichungsdrang in der DDR: Als Erstklässler durfte er
nicht mit links schreiben, der Junge sollte zum Rechtshänder umgeschult werden. Mit
diesem Umlernen habe er in den ersten drei Jahren in der Schule wahnsinnige Schwierigkeiten gehabt, erklärt er den Abiturienten, die vor ihm sitzen und sich allmählich damit
abgefunden haben, dass sie es – rein äußerlich betrachtet – mit einem Ex-Punk zu tun
haben. »So habe ich immer hinterhergegangen – und damit ging es eigentlich schon los.

*Die Punk-Band »Planlos« bei
einem illegalen Konzert 1981*

Und dann war ich auch schon relativ früh ein kri-
tischer Geist.« In der Schule aber habe er Anfang
der 1980er, Ende der 1970er Jahre kritische Fragen nicht offen stellen dürfen, sei angeeckt und
zum Außenseiter geworden. »Es gab ja ein Unter-
richtsfach ›Staatsbürgerkunde‹, und da sollte man
sich auch äußern und diskutieren. Und wenn du
dann wirklich kritisch warst, dann hast du in der
Regel eine Fünf bekommen.« Die Note ist das eine,
das andere ist der Entzug von Akzeptanz. Seine
Haltung wurde nicht geduldet, und heute sagt er,
dass er daher schon als Kind ein Bewusstsein dafür
entwickelt habe, »dass etwas nicht stimmt«. Er nennt
das heute ausdrücklich eine »politische Schulung«.

Punkkonzert 1983. Punks in der DDR hatten nur wenige Möglichkeiten, ihre Subkultur zu entfalten.

Die Schüler interessiert natürlich sofort, wie die Eltern reagiert haben. »Meine Mutter fand das cool, sie fand das super! Und mein Vater war nicht so erfreut. Ich durfte dann auch nicht mehr am Abendbrotstisch sitzen, musste dann alleine im Kinderzimmer essen.« In einer Gesellschaft, in der selbst eine mitgebrachte Plastiktüte in der Schule als westlich-dekadent geschmäht wurde, musste Pankows neues Aussehen Anstoß erregen. »Ich musste sofort zum Direktor, denn der hatte den Verdacht, da steckt etwas Politisches dahinter. Aber ich hatte keine politische Aussage! Ich wollte nur so gegen das Elternhaus rebellieren, fand das alles irgendwie scheiße und fand auch die Schule scheiße, natürlich.«

Ist das Ablehnen der Schule bereits eine politische Aussage, eine Widerstandshandlung? Die Schüler wollen wissen, ob Pankow mit den Eltern über Politik diskutiert habe. Er nennt die Gespräche, auch den Streit mit den Eltern »Interview«. Und Interviews habe er permanent geführt. Vor allem habe er sich gefragt, wovor die Leute eigentlich Angst ha-

Punk war weit mehr als nur eine Musikrichtung. Punk war auch verdächtig, unberechenbar und unkontrollierbar.

ben, warum sie sich gegen Missstände nicht wehren, nicht aufbegehren. Und außerdem habe er als Vierzehnjähriger an der Schönhauser Allee gesessen und geheult vor Wut, weil er nicht verstehen konnte, warum eine Mauer ihn hindert, einfach weiterzugehen. Anders als viele andere konnte er sich nicht damit abfinden: »Das habe ich irgendwie persönlich genommen.« Es klingt, als habe er mit seinem outlaw-Dasein als Punk Rache genommen an denen, die Mauer und Bevormundung einfach hinnahmen.

In Ost und in West aber verhielt sich die Mehrheitsgesellschaft anders, das scheint auch den jugendlichen Zuhörern im Schloss Bellevue klar zu sein. Und doch leuchtet ihnen Pankow Boehlkes zwingende Logik der Verweigerung offensichtlich ein. Punk war weit mehr als nur eine Musikrichtung. Punk war auch verdächtig, unberechenbar und unkontrollierbar – nicht zuletzt, weil er aus dem Westen kam. Pankow trug damals mit Vorliebe ein T-Shirt mit einem aufgemalten Zitat von Rosa Luxemburg: »Wo Recht zu Unrecht wird, wird Widerstand zur Pflicht!«, auf dem Rücken prangte das sternförmige Zeichen der RAF. Die erste Generation der Punks in der DDR geriet in den Blick der Staatssicherheit. Michael Boehlke wurde festgenommen, musste drei Tage in einer leeren Zelle verbringen, wurde geprügelt und sollte sich auf die Zusammenarbeit mit dem MfS einlassen, wogegen er sich wehrte.

Ralf Hirsch, 1986, war Sprecher der oppositionellen Initiative Frieden und Menschenrechte.

Ruhig in seinem Stuhl zurückgelehnt sitzt Ralf Hirsch, geboren 1960. Er arbeitet heute im Senat von Berlin. Mit vierzehn Jahren trat er aus der FDJ aus und knüpfte erste Kontakte zur offenen Jugendarbeit der Kirche. Als Jugendlicher wiesen die staatlichen Stellen ihn in ein Jugendheim ein. Ralf Hirsch kam in den Jugendwerkhof Hummelshain und später nach Torgau, weil er angeblich »fehlgeleiteten Anschauungen« anhing. Ralf Hirsch hat sich in den Einrichtungen, die ihn auf den Pfad der vermeintlichen sozialistischen Tugend zurückführen sollten, nicht etwa »gebessert«, sondern auch später ganz bewusst keinen Platz in der Durchschnittsgesellschaft der DDR eingenommen. Als Pazifist verweigerte er den Dienst bei der Armee und musste bei den Bausoldaten der NVA antreten, bei denen er mehrfach wegen Befehlsverweigerung in Arrest kam.

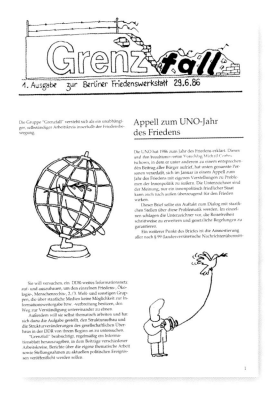

Der »Grenzfall« war eine der bekanntesten Untergrundzeitschriften der DDR.

Die Staatssicherheit legte über Ralf Hirsch, Gründungsmitglied der Initiative Frieden und Menschenrechte, den Operativvorgang »Blauvogel« an - sie plante systematisch die »Zersetzung« des jungen Erwachsenen und entwarf gar Mordpläne. Ralf Hirsch engagierte sich in einer der Nischen, die die evangelische Kirche Menschen bot, die mit der Staatsmacht in Konflikt geraten waren und sich von dieser nicht vereinnahmen lassen wollten. Mein Freund Ralf Hirsch, sagt Rainer Eppelmann. Schließlich zählte Hirsch zu denjenigen, die mit Eppelmann die Bluesmessen in der Samaritergemeinde organisierten. Als sich die Opposition formierte, übernahm Hirsch die Aufgabe des Sprechers der Initiative Frieden und Menschenrechte. Grenzfall hieß die Publikation, die von der Initiative 1986 unter schwierigsten Bedingungen herausgegeben wurde und sich zu einer der wichtigsten Oppositionszeitschriften der DDR entwickelte. Ralf Hirsch versuchte, die bis zu 1.000 Exemplare der Untergrundpublikation unter Gleichgesinnten zu verbreiten. Nach der Luxemburg-Liebknecht-Demonstration im Januar 1988 wurde er verhaftet und unter dem Vorwurf der landesverräterischen Agententätigkeit vor Gericht gestellt. Im folgenden Monat kam dann die Ausweisung nach West-Berlin. Ob es Momente gab, in denen er bereut hat, sich nicht systemkonform verhalten zu haben?

Bei der Lektüre seiner Stasi-Akten 1992 muss Ralf Hirsch erfahren, dass das MfS sogar Mordpläne gegen ihn entwickelt hatte.

Ralf Hirsch schaut auf: Nein, er habe nichts zu bereuen! »Aber es gab natürlich Situationen, in denen ich mich gefragt habe, wie soll es weiter gehen? Wenn man im Alter von 18, 19, 20 mit der Stasi konfrontiert wurde und mit so einem Apparat in Konflikt gerät, hat man schlicht auch Angst. Geht man ins Gefängnis, geht man nicht ins Gefängnis?« Ralf Hirsch blickt zu Rainer Eppelmann. »Wichtig waren mir in meiner Entwicklung Freunde und Leute, die ebenfalls engagiert waren. Allein hätte man so einen Konflikt nicht aushalten können.« Ralf Hirsch atmet tief durch und beschreibt eine Geschichte aus seiner Schulzeit: »Wir waren fünf ganz normale Schüler. Aber wir hatten einen Brief an die Schuldirektorin geschrieben und erklärt, wir hätten keine Lust, an der FDJ-Woche teilzunehmen. Plötzlich tauchten die staatlichen Stellen bei meinen Eltern auf. Meine Eltern haben mich natürlich rund gemacht und uns vorgehalten, wie wir so einen Brief schreiben konnten. Aber wir waren überzeugt, dass das richtig ist, und haben sogar einen zweiten Brief geschrieben. So, wie das jeder heute auch machen würde.« Ralf Hirsch schaut in die Gesichter der Schüler. Verstehen sie, was er sagen will?

Seine Freunde und er selbst wurden in die Rolle der Widerständler gedrängt, weil die Reaktion des Staates übertrieben war: Das MfS schaltete sich ein. Sie hatten ihren Brief korrekt mit »sozialistischem Gruß« unterschrieben. Das deutete die Staatssicherheit als Provokation. »Wir waren fünfzehn! Das war doch alles mehr scherzhaft gemeint!« Für Ralf Hirsch aber begann mit harmlosen Briefen eine Entwicklung, die ihn ins Abseits drängte. Er prägte, ohne es zu wollen, sein eigenes Klischee, das die staatlichen Stellen zur Grundlage für grausige Pläne nutzten. »Zersetzt« werden sollte Ralf Hirsch, er war den Mitarbeitern des Geheimdienstes ausgeliefert, die – vermutlich im Glauben, dem Sozialismus damit zu dienen – seine Psyche und sein Leben zerstören wollten. »Jetzt stellen Sie sich heute vor, Sie schreiben an Ihre Schuldirektorin einen Brief und der Bundesnachrichtendienst steht vor der Tür. Da sagen Sie: Irrenhaus, überhaupt nicht vorstellbar!« Hirsch erklärt den Jugendlichen, dass es keine freie Presse gab, die über Vorfälle dieser Art berichtete hätte. »Sie haben mit Sicherheit alle eine Schülerzeitung an Ihrem Gymnasium. Diese Zeitungen heute sind politischer als alles, was man in der DDR geschrieben hat!« Ralf Hirsch zählt andere, als Provokation gedeutete Verhaltensweisen der DDR-Schüler auf – und wieder kommt die auch von Pfarrer Eppelmann erwähnte Plastiktüte ins Spiel. Immer wieder habe es Ärger wegen der Westwerbung gegeben, die natürlich in der sozialistischen Schule keinen Platz hatte. Ebenso wenig wie die Aufrichtigkeit, die Heranwachsende fordern: »Unser Ziel war nichts Oppositionelles, sondern das zu sagen, was wir denken, was man heute ganz selbstverständlich tut.«

Erkennungsfoto von Achim Beyer bei seiner Verhaftung 1951

Es folgt ein großer Zeitsprung – zurück bis in die fünfziger Jahre. Der vierte Gast auf dem Podium ist Achim Beyer, Jahrgang 1932, inzwischen pensionierter Diplom-Volkswirt. Beyer könnte der Vater der beiden anderen Herren auf dem Podium oder der Großvater der jungen Frau ihm gegenüber sein. In dieser Rolle will er sich aber nicht verstanden wissen. Vielmehr möchte er zeigen, dass sein Widerstandsprinzip zeitlos ist, politisch und gefährlich.

Achim Beyers Geschichte ist die eines frühen politischen Aufbegehrens, und sie spielt in den Jahren kurz nach der doppelten Staatsgründung von Bundesrepublik und DDR. Die Grenzen waren noch offen, die SED baute auf allen Ebenen der Gesellschaft rigoros ihre Macht aus. Andersdenkende wurden verschüchtert oder vertrieben. Die Verbliebenen schließlich bekämpfte die herrschende Staatspartei mit Macht. Achim Beyer besuchte in der sächsischen Stadt Werdau die Oberschule, als er mit einigen seiner Schulkameraden anfing, politischen Widerstand zu leisten. Neunzehn Gymnasiasten aus Werdau verbreiteten 1951 Flugblätter gegen stalinistischen Terror und für die Freiheit. »Wir sehnen uns nach Frieden, nach der Einheit Deutschlands in Freiheit«, stand auf den heimlich verfassten Papieren. Was löste ihre Wut, ihren Zorn aus?

> Wir sehnten
> uns nach Frieden,
> nach der Einheit
> Deutschlands
> in Freiheit.

Der alte Herr auf dem Podium richtet sich auf seinem Stuhl auf: »Geburtsjahrgang 1932 bedeutet, dass ich manches anders erlebt habe«, beginnt er seinen Blick zurück, der bis in den Nationalsozialismus reicht. Seine Freunde und er selbst seien in den braunen Uniformen der Hitler-Jugend hinter der Fahne mit dem Hakenkreuz marschiert, erläutert er den Schülern. »Führer befiehl, wir folgen, war für uns ein Credo. Und dann erlebten wir das Jahr 1945 und erfuhren, welche Verbrechen der Nationalsozialismus

> Nie wieder Krieg, nie
> wieder eine Uniform,
> vor allen Dingen nie
> wieder eine Diktatur!

Berlin, Juli 1945

begangen hatte!« Er habe als Jugendlicher mit seinen Freunden daraus einen eindeutigen Schluss gezogen: »Nie wieder Krieg, nie wieder eine Uniform, vor allen Dingen nie wieder eine Diktatur!« Im Jahr 1945 glaubte er, dass auch im sowjetisch besetzten Teil Deutschlands eine parlamentarisch-demokratische Republik aufgebaut werden sollte. Hoffnungsfroh war er in die FDJ eingetreten. »Zeitzeugen, die aus den Konzentrationslagern gekommen waren oder aus der inneren Emigration, sagten: ›Wir brauchen euch junge Menschen, um einen neuen Staat aufzubauen!‹, und wir waren willens, das zu tun«, bekennt er. Aber als wieder Menschen verhaftet wurden, ihre Arbeit verloren und aus politischen Gründen flohen, da merkte er, »wie sich die SED plötzlich in eine stalinistische Partei neuen Typus verwandelte«.

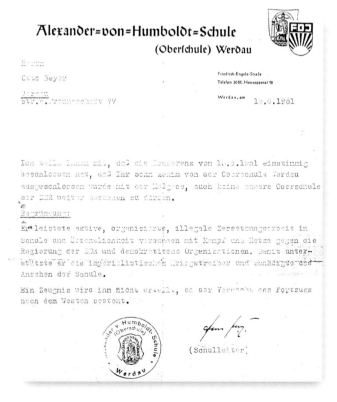

Noch vor seiner Verurteilung wird Achim Beyer von der Oberschule Werdau ausgeschlossen.

Seit 1997 erinnert eine Gedenktafel im Alexander-von-Humboldt-Gymnasium Werdau
an die »Werdauer Oberschüler«.

Achim Beyer und seine Freunde spürten, dass die DDR auf dem Weg in eine neue Diktatur war, eine solche aber wollten sie nicht ein zweites Mal erleben, wie er sagt. Den Abiturienten stand ein historisches Beispiel vor Augen, als sie anfingen, sich gegen den Machtanspruch der Staatspartei zu wehren: Sie bezogen sich auf die Geschwister Sophie und Hans Scholl: »Die Geschwister Scholl waren für uns Vorbild, auch wir haben unsere Flugblätter selbst hergestellt und verteilt. Wir hätten gern in der Schule diskutiert, aber wir sind sofort mit Relegierung bedroht worden, anders formuliert: Wir wurden in die Illegalität getrieben, mit einigen Konsequenzen.« Diese Konsequenzen waren hart: Der junge Achim Beyer und seine Mitschüler wurden verhaftet und zu hohen Gefängnisstrafen verurteilt. An seinem 19. Geburtstag wurde Beyer wegen Boykotthetze zu acht Jahren Zuchthaus verurteilt. Fünfeinhalb Jahre saß er in Haft, ohne sich von seinen Überzeugungen zu distanzieren – im Gegenteil, er war in seiner unbeugsamen Haltung bestärkt.

Achim Beyer beschreibt den Schülern, dass ihm das Schicksal eines Gleichaltrigen vor Augen stand, der zum Tode verurteilt worden war. Das Dresdner Landgericht hatte 1951 den damals 19-jährigen Oberschüler Hermann Josef Flade in einem Aufsehen erregenden Prozess wegen Boykotthetze und versuchten Mordes zum Tode verurteilt. Auch Flade hatte – allerdings im Alleingang – selbst fabrizierte Flugblätter verteilt, auch sein Protest richtete sich gegen die Einschränkung der Wahlen durch die SED. Beim Verteilen seiner Schriften überraschte ihn die Volkspolizei. Der junge Flade wehrte sich gegen die Verhaftung, und bevor er überwältigt werden konnte, hatte er mit seinem Taschenmesser einen Polizisten verletzt. Die DDR-Justiz kannte zunächst keine Gnade. Doch das Todesurteil gegen den jugendlichen Widerständler rief auch außerhalb der DDR viel Protest hervor, schließlich wurde die Todesstrafe in einem zweiten Prozess in eine Freiheitsstrafe von fünfzehn Jahren umgewandelt. Zehn Jahre hat Flade verbüßt, davon saß der junge Mann sechs Jahre in Einzelhaft.

Als die anonymen Flugblätter in Werdau auftauchten, sei sein Vater nach Hause gekommen und habe davon berichtet, erinnert sich Achim Beyer. Der Vater bewunderte den Mut derer, die ihre Meinung kundtaten. Was er einerseits für eine »tolle Sache« hielt, bereitete ihm zugleich Furcht. So warnte der ahnungslose Vater seinen Sohn ausdrücklich davor, Flugblätter zu verteilen. Achim Beyer versucht, seinen jugendlichen Zuhörern zu erklären, was seine Freunde und er selbst, damals FDJ-Funktionär, erreichen wollten: »Frieden, Einheit und Freiheit – diese drei Begriffe standen auf dem Flugblatt und wurden auch von der offiziellen Politik der SED propagandistisch ausgeschlachtet, nur dass die SED sie anders interpretierte als wir! Als wir die manipulierte Volkskammerwahl miterlebten, da versuchten wir dann, darüber eine kleine Diskussion anzufachen.« Damit aber hatten die Schüler keinen Erfolg, Achim Beyer wurde unmissverständlich klargemacht: »Deinen Platz in der FDJ kann auch ein anderer übernehmen.« Schweigen konnte und wollte er nun nicht mehr. Achim Beyer traf damals eine Entscheidung: Weitermachen, nicht den Mut verlieren, sondern auf dem beschrittenen Weg weitergehen.

> Weitermachen, nicht den Mut verlieren, sondern auf dem beschrittenen Weg weitergehen.

Da scheint bei aller Unterschiedlichkeit im Alter, dem Charakter und den Lebensumständen der drei männlichen Zeitzeugen doch eine Gemeinsamkeit auf: Sie haben sich alle bewusst entschieden, ihrer inneren Stimme zu folgen und weiterzumachen. (Claudia Rusch hatte als Kind am wenigsten Wahlmöglichkeiten.) Doch auch bei Pankow Boehlke und Ralf Hirsch gab es einen Sog, der sie weiter in Opposition zum DDR-Normalmenschen brachte. Es war keine Zwangsläufigkeit, dass sie nicht klein beigegeben haben, aber für sie selbst gab es nur eine einzige Möglichkeit, sich selbst treu zu bleiben. »Wir resignierten nicht«, versucht der Zeitzeuge den Schülern zu erklären. Die Werdauer Oberschüler seien auch vom Todesurteil gegen ihren Altersgenossen nicht abgeschreckt worden, sondern sie hätten es vielmehr als Fanal empfunden, sagt Achim Beyer: »Das können wir uns nicht gefallen lassen!«

Ob ihm und seinen gleichaltrigen Mitstreitern von damals bewusst war, dass sie mit ihrer unbeugsamen Art einen Kampf Davids gegen Goliath führen wollten? Nein, sagt Beyer, in der damaligen Situation sei ihnen als Jugendlichen das nicht klar gewesen. Jahrelang saßen die Jugendlichen in Haft, den Freikauf von politischen Häftlingen in den Westen gab es in den fünfziger Jahren noch nicht. Bis heute litten viele von den damals Inhaftierten unter Albträumen und Herzbeschwerden. Viele hätten versucht, das Erlebte zu verdrängen. Achim Beyer gibt gern zu, dass es unterschiedliche Wege gibt, sich dem eigenen Schicksal zu stellen. Ihm ist deutlich anzusehen, dass er seinen Weg gefunden hat, mit dem erlittenen Unrecht umzugehen: Er will nicht nur mit seinen Leidensgenossen von damals seine Erinnerungen austauschen, sondern seine Geschichte in der Öffentlichkeit bekannt machen. Auf Veranstaltungen wie dieser möchte er über die Diktatur der SED aufklären. Deshalb hat er seine Kur unterbrochen, um hier Zeugnis ablegen zu können, deshalb stellt er sich den Fragen der Schüler von heute.

Nur durch gelegentliche Briefe konnten die Häftlinge des Gefängnisses Waldheim in Kontakt zu ihren Familien treten.

Die lassen sich nicht lange bitten – sie treten an das Saalmikrofon und wollen von ihm wissen, was nach der Haft passiert ist. Achim Beyer spricht von den sechs Jahren seines Lebens, um die er betrogen wurde. Mitten im Abitur seien sie verhaftet worden, die schriftlichen Prüfungen waren erledigt, die mündlichen aber standen noch aus. An das Weiterlernen im Gefängnis war kaum zu denken, es wurden ihnen nicht nur die Lehrbücher verwehrt, vielmehr mussten sich die Oberschüler die Zellen mit Mördern und Sittlichkeitsverbrechern teilen. Achim Beyer erzählt wortreich, doch ohne die eigene Geschichte zu dramatisieren. Die Frage, ob die Podiumsgäste heute Widerstand zum Beispiel gegen den G-8-Gipfel in Heiligendamm gutheißen, bleibt unbeantwortet. Der direkte Vergleich zwischen dem Aufbegehren heute und Widerstand oder Renitenz damals fällt den Zeitzeugen schwer. Da möchte ein Jugendlicher wissen, was die Zeitzeugen davon halten, wenn in Heiligendamm gegen den Gipfel der Staatschefs der führenden Industriestaaten nicht nur friedlich demonstriert wird, sondern Jugendliche in dem sogenannten schwarzen Block ganz klar Gewalt anwenden und Gegengewalt provozieren wollen. Der Vergleich mit gewaltbereiten Jugendlichen scheint den Gesprächspartnern abwegig. Oder doch nicht ganz?

Michael Pankow Boehlke, der Ex-Punk, antwortet ruhig und ohne pädagogischen Unterton. »Ich persönlich finde das gar nicht gut. Und ich bin sehr kritisch, was diesen ganzen schwarzen Block betrifft. Ich bin aber auch schon als Punk Pazifist gewesen, und das war schon außergewöhnlich, weil die Punks in der Regel schon aufgrund ihres Aussehens – Stachelhaare, Lederjacke – ein Gewaltpotenzial ausstrahlen, das auch dazu gehört. Ich hab' das nie gemocht, weil ich selber einfach kein aggressiver Typ war und auch immer Angst vor Gewalt hatte. Ich mag das auch heute nicht, und ich lehne jegliche Gewalt ab!« Er kämpfe lieber mit Worten, sagt er. Und Widerstand mit Argumenten zu leisten, das sei immer gut. Ob sich allerdings wirklich politische Gedanken hinter dem Schwarzen Block verbergen, das wisse er nicht. Und so empfiehlt er den jugendlichen Zuhörern das Nachdenken, die kritische Prüfung. Widerstand heiße schließlich nicht Aktionismus. Dem schließt sich auch der Nestor der Runde, Achim Beyer, an. Ihm liegt daran zu zeigen, dass Widerstand oder Protest heute auf legalem Wege geäußert werden können, ohne Gewalt und ohne dass der Protestierende harte Konsequenzen zu fürchten hätte.

Im Verlauf der zweistündigen Diskussion fragt ein Mädchen nach Schülern mit Migrationshintergrund in der DDR – und erfährt zu ihrer Verwunderung, dass fast keine Ausländer in der DDR gelebt haben. Die vietnamesischen Leiharbeiter lebten isoliert,

Vietnamesische Gastarbeiterin in Ost-Berlin 1989:
Die wenigen Ausländer in der DDR lebten
weitgehend isoliert von der Bevölkerung.

Claudia Rusch kann sich als Einzige an eine pakistanische Mitschülerin erinnern, ein Mädchen, das kaum Deutsch sprach, aber herrliche bunte Kleider trug. Einer der Abiturienten will schließlich von »Herrn Pankow« noch wissen, was dieser als Jugendlicher über den Westen dachte. Er habe doch erzählt, wie er als kleiner Junge geweint habe, weil die Mauer ihm den Weg versperrte. Was versprach er sich vom Leben jenseits dieser Mauer? Verhieß das Leben auf der anderen Seite nicht gerade Querdenkern wie ihm mehr Freiheit? »Herr Pankow« überrascht die Zuhörer mit seiner Antwort. Er gibt zu verstehen, dass ihn der Westen eigentlich gar nicht interessiert habe. Dass er nicht reisen durfte, das ärgerte ihn, aber der Westen war an sich belanglos, versichert er dem fragend dreinblickenden Publikum. Eine punkige Antwort? Er hatte doch immerhin nach dem Blättern in einer aus dem Westen stammenden Bravo das Gefühl, auch mit Igelhaaren und zerrissenem T-Shirt leben zu wollen. War das nicht ein westliches Vorbild, ein Initial von der anderen Seite der Mauer, das sein künftiges Dasein als Punk begründete? Pankow Boehlke versucht, die Ambivalenz zwischen dem Wissen um Annehmlichkeiten des Lebens im Westen und der Totalverweigerung des Punks zu erklären. Natürlich habe seine Familie westdeutsche Fernsehprogramme verfolgt. Mit dem Satz: »Bei mir zu Hause war Ost-Fernsehen verboten«, erntet er Lacher. Tatsächlich, sein Vater wollte nicht, dass der Sohn Ost-Fernsehen guckt. Das tat er also heimlich, wenn der Vater fort war.

Wenn er sagt, der Westen habe ihn nicht interessiert, so beziehe sich das natürlich nicht auf die Musik: Junge Bands fand der Musiker immer schon spannend. Aber der Punk spielte in London. Westdeutschland war für ihn und seine Band nicht relevant, meint Michael Boehlke. Auch die RAF habe ihn sehr interessiert – aber in einem anderen Sinne, als manch einer seiner Zuhörer vermutet: »Ich war ganz froh, dass ich im Osten war, weil ich dachte, wenn ich im Westen wäre, wäre ich bestimmt bei der RAF.« Und das als bekennender Pazifist? Das sei kein Widerspruch, sagt Boehlke und gräbt eine explosive Geschichte aus: »Ich habe mit meinem besten Freund, der bei uns auch Bass gespielt hat, vorgehabt, die Volkskammer zu sprengen! Und zwar nicht aus Spaß, sondern ganz im Ernst.« Er habe ein radikales Potenzial in sich gespürt, sagt er und lässt den Blick durch den Saal schweifen. »Und ich war auch ganz froh, dass in der DDR bestimmte Dinge nicht möglich sind!«

Hätte er seiner jugendlichen Wut im Westen anders Ausdruck verleihen können? Boehlke, der viel von seiner Verweigerungshaltung erzählt hat, verblüfft noch einmal: »Ich habe auch Angst gehabt, in den Westen zu gehen. Ich kannte da keinen, ich hatte meine Freunde im Osten, ich wusste gar nicht, was ich da soll. Mars und Cola konnte ich mir auch in einem Devisenshop kaufen, das hat mich nicht interessiert.« Und dann schließt er an mit einer Betrachtung, über die die Schüler im Anschluss an die Diskussion noch debattieren: »Ich wollte in der DDR was verändern, denn es war mein Staat, ich habe mich da zu Hause gefühlt, ich wollte da sein. Ich fühlte mich auch in der Opposition sehr wohl, und für mich stand das Weggehen gar nicht zur Debatte.«

Wie passen Verweigerung, die Flucht aus dem Alltag und das Bemühen um Reformen in der DDR zusammen? »Ich kann das schon verstehen«, meint einer der Abiturienten hinterher. »Er war halt in der DDR zu Hause.« Und wo man zu Hause ist, müsse das Leben nicht ständig Anlass zu Kampf und Widerstand bieten, sondern lebenswert sein. Egal wie man aussieht, was für Eltern man hat, welcher politischen Meinung man anhängt oder welche Musik man gern hört.

Alltagsimpression im Erfurt der 1980er Jahre

IM GESPRÄCH

Schülerin:	Herr Beyer, wie gelang es Ihnen, unmittelbar nach Ihrer Haftentlassung eine erfolgreiche Flucht zu organisieren und wie verlief diese?
Achim Beyer:	Wir wurden alle vorzeitig entlassen, ich als Letzter – warum, weiß keiner. Meine Freunde haben auf mich gewartet, ich bin so froh darüber gewesen und dankbar; denn man hätte mich als Geisel die ganzen vollen acht Jahre absitzen lassen können. Danach hätte keiner gekräht. Genau zurzeit meiner Haftentlassung war der Ungarn-Aufstand, 1956 im Herbst. Wir haben das im Radio verfolgt, und als der Aufstand zusammenbrach, wurde uns klar, dass wir die DDR verlassen müssen. Wir waren alle mit einer Bewährungsfrist aus dem Gefängnis entlassen worden und bei der kleinsten Kleinigkeit wären wir erneut verurteilt worden. Karl Wilhelm Fricke hat später Urteile aufgetan, die zeigten, dass DDR-Bürger, die die Berichterstattung im Westrundfunk über den Ungarn-Aufstand verfolgt haben, teilweise dafür verurteilt worden sind. Meine Mutter hat durch Bestechung und durch Solidarität von Beamten in der damaligen Heimatstadt Werdau einen Interzonenpass für mich beantragt, der wurde so zwischengeschoben und von einem Offizier unterschrieben. Ich bin sofort über die Grenze nach West-Berlin und habe darüber alle Freunde verständigt. Wir hatten vorher bereits verabredet, dass jeder auf seine Weise in den Westen geht. Die anderen sind alle in der gleichen oder in der darauffolgenden Nacht auf irgendwelchen Umwegen nach West-Berlin gekommen, die Mauer existierte ja noch nicht im Herbst 1956. Wir waren alle glücklich, im Westen zu sein.

Schülerinnen und Schüler mit den Podiumsgästen im Schloss Bellevue

Moderatorin:	Herr Hirsch, was hat Ihr Verhalten, Ihr Gegen-den-Strom-Schwimmen, Ihr Sich-Absetzen von anderen, was hat das für Reaktionen ausgelöst?
Ralf Hirsch:	Sehr unterschiedliche Reaktionen. Wir haben ja nicht viel gemacht, wir sind nicht einfach so oppositionell geworden. Wir waren fünf ganz normale Schüler. Aber wir hatten einen Brief an die Schuldirektorin geschrieben und erklärt, wir hätten keine Lust, an der FDJ-Woche teilzunehmen. Plötzlich tauchten die staatlichen Stellen bei meinen Eltern auf. Meine Eltern haben mich natürlich rund gemacht und uns vorgehalten, wie wir so einen Brief schreiben konnten. Aber wir waren überzeugt, dass das richtig ist, und haben sogar einen zweiten Brief geschrieben. So, wie das jeder heute auch machen würde. Danach kam dann das erste Mal das Ministerium für Staatssicherheit, auch weil wir den Brief unterschrieben haben mit einem »sozialistischen Gruß«, was sie als Provokation empfanden. Wir waren fünfzehn! Das war doch alles mehr scherzhaft gemeint. Wir haben uns einfach geärgert. Stellen Sie sich heute vor, Sie schreiben an Ihre Schuldirektorin einen Brief und dann steht der Bundesnachrichtendienst vor der Tür.

Schüler:	Frau Rusch, Sie sind in diese Oppositionshaltung »hineinge-wachsen«. Sie hatten nicht die Wahl. Aber haben Sie wirklich niemals an Ihren Lebensumständen gezweifelt, daran, dass es richtig ist, wie Sie leben? Oder haben Sie jemand anderem die Schuld gegeben?
Claudia Rusch:	Na ja, Schuld und Zweifel sind verschiedene Dinge. Es ist natür-lich so, dass man als Kind nicht anders als alle anderen sein möchte. Man will schon angepasst sein. Das habe ich mir auch gewünscht. Manchmal hätte ich auch gerne »normale« Eltern ge-habt, mit SED-Mitgliedschaft und FDGB-Urlaubsplatz in Küh-lungsborn, eine Dreizimmerwohnung in Marzahn – aber das war eben nicht so. Aber wirklich wollte ich das nicht, weil ich mit mei-nem Leben ja glücklich war. Ich hatte tolle Eltern. Ich wollte leben wie sie. Ich habe da nichts ausleben müssen.

Jacqueline Boysen (li.), Claudia Rusch

Schüler:	Sie waren im Reinen mit Ihren Eltern?
Claudia Rusch:	Total. Nicht nur mit meinen Eltern, sondern auch mit deren Freunden. Natürlich gab es als Kind oft Momente, wo ich dachte, ich will gar nicht studieren und Journalistin werden und möchte gern in diesem Land mit den Menschen bleiben, die ich liebe. Aber ich wusste, das geht nicht. Und mir war klar, der Preis dafür wäre eine absolute Ost-Karriere. Dies kam aber für mich über-

haupt nicht infrage. Also abgesehen von dem ganz typischen, kindlichen Wunsch dazuzugehören und keine Außenseiterin zu sein, habe ich nie auch nur eine Sekunde daran gezweifelt, dass es richtig sein könnte, was meine Eltern und deren Freunde vertreten haben. Überhaupt nicht. Dazu habe ich zu sehr gesehen, was die Staatsgewalt der DDR kann, wenn sie will. Das war mir bewusst. Viele andere DDR-Kinder haben das gar nicht so stark miterlebt. Die sind gar nicht in Konflikt mit dem Staat geraten. Insofern muss ich sagen: Nein, ich habe immer gewusst, Mama und Papa machen es richtig.

Schülerin: Wie war Ihr Verhältnis zu Ihren Eltern?

Achim Beyer im Gespräch mit Schülerinnen und Schülern

Achim Beyer: Meine Eltern haben mich voll unterstützt. Wir haben unheimlich viel Sympathie erfahren nach der Verhaftung, nach der Verurteilung und auch zurzeit unserer Entlassung. Das war überragend und freudig für uns alle. Völlig unbekannte Personen haben beispielsweise bei meiner Mutter – mein Vater war da schon im Westen – Butter oder Wurst oder irgendetwas abgegeben, ohne ihren Namen zu nennen: »Das ist für den Achim, damit er wieder auf die Beine kommt.« Die Unterstützung der Eltern war da. Keiner von uns hat den Eltern oder dem Pfarrer oder den Lehrern von unseren Aktivitäten (Flugblätter herstellen und verteilen) etwas gesagt. Die Eltern waren natürlich schockiert, als wir dann verhaftet wurden, zumal sie keinen Kontakt zu uns bekommen konnten. Sie versuchten, mit uns Verbindung aufzunehmen. Doch die Staatsanwaltschaft schrieb ihnen unter anderem: »Wir sind kein Auskunftsbüro. Wo Ihre Kinder sind, das wird hier nicht kundgetan.« Erst nach der Verhandlung und der Urteilsverkündung hatten wir die Gelegenheit, unsere Eltern das erste Mal wieder zu sehen.

Ralf Hirsch

| Ralf Hirsch: | Ich würde sagen, es war sehr unterschiedlich. Zum Anfang Solidarität, Verständnis, später auch Angst. Ich hatte vier Geschwister. Die erste Hausdurchsuchung bei meinen Eltern, die hat sie sehr schockiert. Stellen Sie sich vor, Sie haben einmal Kinder und wegen Ihres Sohnes kommt die Polizei und durchsucht die ganze Wohnung. Das finden Sie dann nicht mehr so lustig. Auch dass die Herren von der Staatssicherheit in der Folgezeit, wenn ich meine Eltern besucht habe, immer vor der Tür warteten, fanden meine Eltern nicht lustig. Sie wussten aber, dass sie mich da nicht beeinflussen können. Sie hatten eine stille, keine aktive Solidarität, was ich gut verstehen kann. Angst spielte eine ganz |

große Rolle, besonders für unsere Eltern. Hinzu kam für mich die Frage: Wie wirkt sich mein Verhalten auf meine Geschwister aus? Denn es wirkte sich aus. Meine Geschwister wurden kontrolliert. Auch über sie sind Akten angelegt worden, obwohl sie gar nichts gemacht haben. Einfach nur, weil sie sich zum Geburtstag, zu Feiertagen, zu Weihnachten mit mir getroffen haben. Es war in der DDR leider nicht unnormal, dass sich Aktivitäten Einzelner auf die Familie auswirken konnten.

Schülerin: Sie sprachen ja von Problemen, die Sie hatten. Aber gibt es dennoch Dinge, wo Sie sagen, das war gut in der DDR, da könnte ich mir vorstellen, dass das vielleicht heute genauso läuft?

Claudia Rusch: Dies ist eine schwierige und gefährliche Frage. Das ist der Ansatz, den heute manche Leute vertreten. Ich habe andere Erfahrungen. Ich publiziere manchmal in Zeitungen Artikel, vor wenigen Monaten zum Beispiel etwas über das Essen in der DDR. Es war ein ganz harmloser Artikel, in dem ich nicht einmal geschrieben habe, dass das Essen schlecht gewesen wäre. Was ich auf diesen Artikel hin für Hassbriefe kriegte, war dann unglaublich. Das hässlichste Haupt des DDR-Spießbürgers erhebt sich in dieser Ostalgie. Und sie denken alle: Es war doch nicht alles schlecht, es war doch super. Diese Meinung hört man jetzt immer öfter. Es ist ganz wichtig, dass wir, die wir es besser wissen, nicht einfach schweigen, sondern sagen: So war es tatsächlich. Da kann man persönliche Erlebnisse so oder so haben. Aber Fakten sind etwas, das kann man nicht abtun, das kann man auch nicht schönreden: Na, ich hatte doch meine Dreizimmerwohnung, das war doch toll. Davon wird nichts besser. Das heißt nicht, dass das ganze Leben schlecht war. Man konnte es sich in der DDR einrichten, ohne Weiteres.

Ich bin einmal gefragt worden: Wovor hätten Sie am meisten Angst, wenn es um Ihre Rechte geht, die Sie jetzt in der Demokratie haben? Ich antwortete: Wenn hier alles verboten wird, kann ich einfach raus und gehe woanders hin. Dass man heute diese Chance hat, das ist entscheidend. Heute kann man einfach umschwenken und fängt wieder von vorne an. Diese Chance hatte man in der DDR nicht. Ein Fehler hat alles bestimmt und konnte, wenn man Pech hatte, alles zerstören.

Moderatorin: Herr Boehlke, haben Sie mit dem Gedanken gespielt, in den Westen zu gehen?

Michael »Pankow« Boehlke: Ich kam 1984 zur Armee, und als ich nach anderthalb Jahren wiederkam, war im Grunde genommen mein gesamter Freundeskreis nicht mehr präsent. Viele Punks waren inhaftiert und waren im Knast, einige waren ausgereist, einige hatten keinen Bock mehr, einige waren Skinheads, New Romantics, Grufties, keine Ahnung. Und ich kam nun wieder und habe noch einmal versucht, ein Teil dieser Szene zu sein. Doch dann merkte ich, das ist nicht mehr so mein Ding. Ich wollte aber in der DDR bleiben. Während der Armeezeit habe ich Zeit zum Nachdenken gehabt, da bin ich wirklich politisch geworden. Die Zeit als Punk, das war immer eher so eine Reaktion und ein Aufbegehren und nicht wirklich reflektiert. Nach meiner Armeezeit habe ich dann ganz bewusst auch gegen den Staat etwas machen wollen. Zum Beispiel habe ich den Staat verklagt. Natürlich konnte man den Staatssicherheitsdienst nicht einfach verklagen. 1986 bin ich dann zur »Reisebehörde« zitiert worden, wo mir mitgeteilt wurde, ich dürfe die DDR nie wieder verlassen, in keine Richtung. Also auch nicht in die sogenannten Bruderstaaten, Tschechoslowakei und so weiter. Da habe ich kurz darüber nachgedacht, auch wegzugehen. Der Freundeskreis, wie gesagt, war weg; meine Freundin war inhaftiert worden und saß im Knast. Ich wollte eigentlich immer in der DDR bleiben und habe mich ja ganz bewusst dafür entschieden. Erst kurz vor der Maueröffnung fiel mein Entschluss zur Ausreise. Dann war ich doch ganz froh, dass die Mauer aufging und ich dieses Prozedere nicht mitmachen musste.

Michael »Pankow« Boehlke

DIE ZEIT IST REIF!

DIE FRIEDLICHE REVOLUTION IN DER DDR 1989/90

Joachim Gauck, Markus Meckel, Ulrike Poppe und Uwe Schwabe im Gespräch mit Schülerinnen und Schülern der Erich-Kästner-Schule Ostfildern (Baden-Württemberg) und des Albert-Einstein-Gymnasiums Magdeburg (Sachsen-Anhalt), moderiert von Hermann Rudolph.

◆

10. JUNI 2008, SCHLOSS BELLEVUE

HERMANN RUDOLPH

»FÜR DIE FREIHEIT«

Bundespräsident Horst Köhler und Vorstandsvorsitzender Rainer Eppelmann gemeinsam mit den Teilnehmern des Podiumsgesprächs, v. l. n. r.: Hermann Rudolph (Moderator), Rainer Eppelmann, Bundespräsident Horst Köhler, Uwe Schwabe, Markus Meckel, Ulrike Poppe, Joachim Gauck

Eine Reihe von Zeitungen brachte die Meldung auf der ersten Seite, andere im Inneren. »Köhler warnt vor DDR-Verklärung«, hieß es am 10. Juni 2008 zum Beispiel auf der Titelseite der FAZ. So mancher, der heute von angeblichen sozialen Errungenschaften schwärme, wisse gar nicht, so hatte der Bundespräsident erklärt, »wie heruntergekommen der real existierende Sozialismus damals längst war«. Der DDR-Staat habe 1989 »vor dem Bankrott gestanden«.

Nachrichten haben ihre Ursprünge. Diese kam aus dem Schloss Bellevue, wo sich das Staatsoberhaupt an einer Diskussion von Schülern und prominenten Zeitzeugen beteiligt hatte, als Gastgeber – zusammen mit der Bundesstiftung zur Aufarbeitung der SED-Diktatur – der fünften, abschließenden Veranstaltung der Reihe »Für Freiheit und Demokratie«. Sie stand unter dem Titel: »Die Zeit ist reif« und soll den Schülern im Gespräch mit prominenten Vertretern der Opposition in der DDR Ansichten und Einsichten über – so der Untertitel – »Die friedliche Revolution in der DDR 1989/90« vermitteln.

An diesem heißen Vormittag sitzen im großen Saal des Schlosses Schüler aus Ostfildern bei Stuttgart und aus Magdeburg. Die 19 Jungen und Mädchen aus Baden-Württemberg gehen in die neunte Klasse der Erich-Kästner-Schule, einer Hauptschule,

> Als die DDR unterging, hatten die Schüler alle gerade das Licht der Welt erblickt oder waren noch gar nicht geboren. Persönliche Erinnerungen haben sie also keine.

und befinden sich gerade auf Berlinfahrt. Die 29 Magdeburger gehen in ein Gymnasium, das den Namen Albert Einsteins trägt, und haben sich in dem Sozialkundekurs, an dem sie teilnehmen, auf die Veranstaltung vorbereitet. Als die DDR unterging, hatten sie alle gerade das Licht der Welt erblickt oder waren noch gar nicht geboren. Persönliche Erinnerungen haben sie also keine. Aber zumindest in etlichen Familien der Magdeburger Schüler ist doch von der DDR-Vergangenheit die Rede.

Bei Robin zum Beispiel, der 1990 geboren wurde, denn sein Vater saß eine Weile im Gefängnis, weil er über Ungarn in die Bundesrepublik flüchten wollte und dabei gefasst wurde. Julia dagegen, ein Jahr älter, hat sich erst im Unterricht mit der friedlichen Revolution und ihren Hauptfiguren befasst. Doch Ost und West, so ergänzt ein Mitschüler, das ist in Magdeburg »noch immer stark in den Köpfen«.

Gebannt lauschen die Schülerinnen und Schüler aus Ostfildern und Magdeburg den Schilderungen der Zeitzeugen.

Die Hauptfiguren dieses Vormittags sind, natürlich, die Zeitzeugen, vier an der Zahl: Joachim Gauck, der frühere Leiter der Stasi-Unterlagen-Behörde, der Bundestagsabgeordnete Markus Meckel, Mitbegründer der Sozialdemokraten in der DDR, Ulrike Poppe, prominente Bürgerrechtlerin, in der DDR aktiv in der Initiative Frieden und Menschenrechte, und Uwe Schwabe, der seit den 1980er Jahren zur Leipziger Oppositionsszene gehörte und dort 1990 das Neue Forum, den wichtigsten Zusammenschluss von Kritikern des Regimes, mit ins Leben rief. Der Bundespräsident lenkt in seiner Begrüßungsansprache indirekt die Aufmerksamkeit auf die vier auf dem Podium: Von allein sei nämlich die Mauer nicht gefallen. »Es waren Menschen, die sie – im übertragenen Sinne – ins Wanken brachten, noch bevor die Mauerspechte sie mit Hammer und Meißel abtrugen.« Oft hätten sie lange Jahre im Schutz der Kirchen beharrlich Widerstand gegen das Regime geleistet und mussten dafür »viel in Kauf nehmen: Überwachung durch die Staatssicherheit, Verlust des Arbeits- oder Studienplatzes, Inhaftierung oder Ausbürgerung«.

Diejenigen, die vor dem 9. November für Menschenrechte und Freiheit protestierten, »taten das keineswegs in dem sicheren Bewusstsein, dass es mit dem DDR-Regime bald vorbei sein würde«. Dennoch wagten sie den Widerstand. Das »verdient unser aller großen Respekt und Dank«, sagt der Bundespräsident. Wirtschaftsexperte, der Horst Köhler ist, legt er besonderen Wert darauf, dass die katastrophale wirtschaftliche Lage der DDR nicht vergessen wird, denn sie sei ein wichtiger Grund für ihren Untergang gewesen. 1989 hatte ein Gutachten der DDR-Führung gezeigt, dass das Land bankrott war. Es machte deutlich, dass nur drastische Maßnahmen in der Lage wären, die DDR noch zu retten. Aber sie hätten das Regime gezwungen, »die bröckelnde Fassade der sozialen Wohltaten und der scheinbaren Vollbeschäftigung vollends niederzureißen«. Es ist vor allem dieser Teil seiner Rede, der sich am nächsten Tag in den Zeitungen wiederfindet.

Der zunehmende Verfall der Innenstädte und lange Schlangen vor den Geschäften gehörten in den 1980er Jahren zum Alltagsbild in der DDR.

Die Analyse des Bundespräsidenten ergänzt Rainer Eppelmann, der Vorsitzende der Bundesstiftung Aufarbeitung, mit persönlichen Erinnerungen. Sie lassen den 9. November 1989, der zum Wendepunkt der Geschichte wurde, konkret werden. Denn Eppelmann, heute ein Mann in den 60ern, langjähriger Bundestagsabgeordneter, damals Pfarrer in Ost-Berlin, stand an diesem späten Novemberabend selbst vor dem Schlagbaum an einem der Grenzübergänge, beobachtete die Unsicherheit der Grenzwächter und sah, wie sie, unter dem Druck der Menschen, den Schlagbaum hochhoben. Er habe damals »die schönste Nacht meines Lebens erlebt«. Noch heute bewegen ihn die Ereignisse: Dieser 9. November hat »unser ganzes Leben auf den Kopf gestellt«. Dafür sei allerdings, so Eppelmann, der Begriff »Wende« ganz unangemessen. Das Wort geht auf den letzten SED-Generalsekretär, Egon Krenz, zurück, der mit ihm einen Kurswechsel meinte, der die DDR erhalten sollte. Das hätten die Leute aber damals schon nicht mehr gewollt. »Was wir erlebt haben, war ein Aufstand von unten … Es war nicht weniger als der demokratische Umsturz der SED-Diktatur durch die hartnäckige Zivilcourage von hunderttausenden von Bürgerinnen und Bürgern der DDR.« Denn ohne die, wie Eppelmann schätzt, »schätzungsweise zwei Millionen DDR-Bürger«, die bereit waren, auf die Straße zu gehen, »wäre alles danach so zumindest nicht gekommen«.

Es sind viele Wege, die zu dieser friedlichen Revolution führten. Einen davon beschreibt Markus Meckel. Als junger Pfarrer auf einem mecklenburgischen Dorf habe er schon Anfang der achtziger Jahre sein Pfarrhaus für Debatten geöffnet, »zwanzig Leute in meinem Wohnzimmer. Ich kannte nur die Hälfte davon«. Die beschäftigten sich mit aktuellen Fragen – Nachrüstung, Friedensbewegung, Menschenrechten –, aber vor allem bewegte sie das Bedürfnis, gegenüber der allüberall gegenwärtigen und gängelnden DDR »ich zu sein und selbst zu entscheiden, eben auch nein sagen zu können«. Daraus erwuchs dann der Gedanke, auch außerhalb der Kirche aktiv zu werden, »sich als Bürger zu verhalten«. Erst wollten Meckel und sein Freund Martin Gutzeit, ebenfalls ein Pfarrer, einen Bürgerverein gründen, dann dachten sie an eine Partei – in der DDR mit ihrem SED-Machtmonopol ein kühner, ja revolutionärer Gedanke. Im Januar 1989 entschieden sie sich, eine Sozialdemokratische Partei der DDR zu gründen. In der Opposition reagierte man darauf übrigens skeptisch: Man wollte eigentlich keine Partei, nichts was nach Westen aussah. Aber dann kam im Sommer die Ausreiseflut, und Meckel entschloss sich, bei einem Seminar zum 200. Jahrestag der Verkündung der Menschenrechte in Frankreich einen Aufruf zur Parteigründung vorzutragen. Das war am 26. August 1989 und »schlug ein wie eine Bombe«. Zwei Tage später stand es in einer westdeutschen

Der von den DDR-Bürgern erzwungene Mauerfall beendete die Teilung Berlins und Deutschlands.

Zeitung, der Frankfurter Rundschau. Um sich von der SPD in der Bundesrepublik zu unterscheiden, nannte sich die neue Partei übrigens SDP, Sozialdemokratische Partei in der DDR.

Zum Aufruf
der Initiativgruppe
"Sozialdemokratische Partei in der DDR"

So kann es nicht weitergehen!

Viele warten darauf, daß sich etwas ändert.
Das aber reicht nicht aus!

Wir wollen das unsere tun.
Die notwendige Demokratisierung der DDR hat die grundsätzliche Be-
streitung des Wahrheits- und Machtanspruchs der herrschenden Partei
zur Voraussetzung.
Wir brauchen eine offene geistige Auseinandersetzung über den Zustand
unseres Landes und seines künftigen Weges.
Das bedarf programmatischer Bemühungen und solcher Bürger, die die
dafür notwendige Kompetenz mitbringen bzw. gewinnen wollen.

Wir, die Unterzeichnenden, halten für den künftigen Weg unserer
Gesellschaft die Bildung einer s o z i a l d e m o k r a t i s c h e n
p a r t e i für wichtig.

Unser Ziel:
eine ökologisch orientierte soziale Demokratie

Das erfordert die klare Trennung von Staat und Gesellschaft und

- die sozialen, kulturellen und politischen Grundrechte der
Bürger und die ihnen entsprechende Wahrnahme von Verant-
wortung zu ermöglichen, zu stärken und zu schützen;

- den Schutz der natürlichen Umwelt und die Sicherung von
Ressourcen und Lebensmöglichkeiten für kommende
Generationen zu gewährleisten.

Wir fordern alle, die den nachfolgenden unverzichtbaren programma-
tischen Orientierungen zustimmen, auf, sich vor Ort zusammenzu-
schließen.

+ Rechtsstaat und strikte Gewaltenteilung
+ parlamentarische Demokratie und Parteienpluralität
+ relative Selbständigkeit der Regionen (Länder),
Kreise, Städte und Kommunen (finanziell, wirtschaftlich,
kulturell)
+ soziale Marktwirtschaft mit striktem Monopolverbot zur
Verhinderung undemokratischer Konzentration ökonomischer
Macht
+ Demokratisierung der Strukturen des Wirtschaftslebens
+ Freiheit der Gewerkschaften und Streikrecht

Wir suchen mit allen, die sich zu diesen Grundprinzipien zusammen-
finden, solidarische und verbindliche Organisationsformen.

Wer sich mit uns nicht in Übereinstimmung sieht, erkläre sich und
bestimme seine eigene demokratische Perspektive.
Wir suchen ein Bündnis mit allen, die an einer grundlegenden Demokratisierung unseres Landes mitarbeiten wollen.

Martin Gutzeit   Markus Meckel
Breite Str. 20   W.-Rathenau-Str. 19a
Marwitz   1421   Niederndodeleben   3107

Arndt Noack   Ibrahim Böhme
Karl-Marx-Platz 15   Chodowieckistr. 41
Greifswald 2200   Berlin   1058

*Der von Markus Meckel und Martin Gutzeit initiierte Gründungsaufruf
für die Sozialdemokratische Partei in der DDR*

Anders ist der Weg, den Ulrike Poppe gegangen ist. Am Anfang stand, so berichtet sie, die Empörung, schon in der Schulzeit, »als ich mitkriegte, dass viele Lehrer öffentlich Wasser predigten und heimlich Wein tranken«. Was zum Beispiel hieß, »dass sie uns ermahnten, keine westlichen Sender, Radio und Fernsehen zu sehen und zu hören, während ich von ihren Kindern wusste, dass sie zu Haus auch diese Sender guckten«. Diese täglichen Lügen haben Ulrike Poppe immer wieder beschäftigt: Dass man zum Beispiel im Staatsbürgerkundeunterricht Antworten gab, an die man selber nicht glaubte, von denen man aber wusste, dass die Lehrer sie hören wollten, und dass derjenige, der sich traute, die Wahrheit

Oppositionelle beim Kirchentag 1987 in Ost-Berlin. In Berlin waren zahlreiche Oppositionsgruppen aktiv. Sie bildeten sich oft unter dem schützenden Dach der evangelischen Kirche, aber auch unabhängig davon.

zu sagen, riskierte, von der Schule geworfen zu werden. Das ist ihr selbst fast passiert, aber ihr Vater, der in der Partei war, hat es verhindert. Mit diesen Erfahrungen kam sie nach Ost-Berlin, wo sie Gleichgesinnte fand, kleine Gruppen, die überlegten, wie eine Alternative zum Honecker-System aussehen könnte. Dazu stießen Wehrdienstverweigerer aus dem Raum der Kirche und – vor allem als die DDR den Liedersänger Wolf Biermann 1976 nach einem Konzert in Köln ausbürgerte – Künstler und Schriftsteller. Und aus diesem Konglomerat von unzufriedenen Leuten entstanden dann, so Ulrike Poppe, »die Gruppen, die in den achtziger Jahren mit öffentlichen Bekenntnissen hervortraten, um die Gesellschaft anzuregen, darüber nachzudenken, wie dieses System verändert werden könnte«.

Eine besondere Bedeutung für die friedliche Revolution spielt Leipzig. Das steht inzwischen in den Geschichtsbüchern. Aber Uwe Schwabe kann aus eigener Erfahrung darüber berichten. Die ersten Demonstrationen fanden dort bereits im Frühjahr 1988 statt. Das hing auch mit der Messe zusammen, die zweimal im Jahr in Leipzig stattfand. Da zu diesem Anlass viele Journalisten in Leipzig waren, fanden Demonstrationen ein Echo in den westlichen Medien. Das bot die Chance, die Menschen im Westen auf die

> Dann kamen ganz
> friedliche Leute aus
> der Kirche raus, sangen
> ein Lied, überreichten
> den Polizisten Blumen.

Proteste hinzuweisen, aber auch – nicht weniger wichtig – die Bürger in den anderen Regionen der DDR zu informieren. Denn die DDR-Medien berichteten darüber nicht, aber so ziemlich alle Menschen sahen West-Fernsehen. So entstand die Tradition, dass jeden Montag 17 Uhr das Friedensgebet in der Nikolaikirche stattfand, dem eine Demonstration folgte. In den Zeitungen war immer nur die Rede von Chaoten und Unruhestiftern, berichtet Uwe Schwabe, »und dann kamen ganz friedliche Leute aus der Kirche raus, sangen ein Lied, überreichten den Polizisten Blumen. Ich denke, das hat einen wahnsinnigen Mobilisierungseffekt gehabt, sodass die Zahl der Teilnehmer immer mehr stieg«. Im Endeffekt waren mehr Leute vor der Kirche als in ihr. Im Frühjahr 1989 waren dann schon 800 Menschen bei der Demonstration, das war schon, so Schwabe, »beeindruckend damals«. Prompt wurden Schwabe und seine Freunde inhaftiert, saßen zehn Tage in Untersuchungshaft, wurden aber aufgrund von internationalem Druck wieder freigelassen. Dass wir so rasch wieder frei waren, »hat uns eigentlich ermutigt«, sagt Schwabe. Denn dafür hätte man in der DDR auch zweieinhalb Jahre Gefängnis bekommen können. So entwickelte sich der Protest weiter: Es gab ein Straßenmusikfestival, Demonstrationen bei einem Kirchentag im Sommer 1989, und dann die erste große Demonstration, bei der dann schon 2.000 Menschen mitmachten. Sie fand am 4. September statt. Am 9. Oktober kam es dann zu der historischen Demonstration auf dem Leipziger Ring, mit 70.000 Menschen. Dazu waren auch Leute von anderswoher gekommen, es war, so Schwabe, »stellvertretend die ganze DDR vertreten«. Und die DDR-Führung wagte nicht, das bereitgestellte Militär einzusetzen.

Friedensgebet in der Leipziger Nikolaikirche, 1989

Leipziger Montagsdemonstration am 23.10.1989: Die Zahl der Demonstranten, die in Leipzig gegen die SED-Herrschaft auf die Straße gingen, wuchs im Herbst 1989 von Woche zu Woche stark an.

Den Hintergrund dieser Entwicklungen umschreibt Joachim Gauck, der Älteste in der Runde, damals Pfarrer in Rostock. Er hat den Sommer 1989 als »bleierne Zeit« in Erinnerung. »Die Partei wusste nicht mehr weiter, die Reformer und viele Menschen schauten auf Gorbatschow, und die jungen Leute rannten in Scharen weg ins Ausland.« Da geschah es, berichtet Gauck, »dass im Gottesdienst am Sonntag jemand aufstand und sagte: Heute ist meine Tochter weg, auf dem Küchentisch lag der Zettel: Macht euch keine Sorgen, bin nach Prag. Und dann stand ein anderer auf: Meine ist schon in der vergangenen Woche weg«. Doch Honecker schrieb im Neuen Deutschland:

Bundesdeutsche Botschaft in Prag, September 1989:
Tausende DDR-Bürger suchen im Sommer 1989 Zuflucht
in den westdeutschen Vertretungen von Prag, Budapest, Warschau
und Ost-Berlin, um auf diesem Weg die DDR zu verlassen.

Wir weinen denen keine Träne nach. Aber, so erinnert sich Gauck, »die Menschen weinten wirklich, denn es waren ihre Kinder und Enkel!« So kamen langsam Zorn und Wut auf. Er hat damals ein Wort des tschechoslowakischen Dichters und Reformers Václav Havel, des späteren Staatspräsidenten, gefunden und oft zitiert: »Die Macht der Mächtigen kommt von der Ohnmacht der Ohnmächtigen«. Ohnmächtig empfanden sich die Menschen tatsächlich, aber sie wollten es nicht länger bleiben und gingen deshalb auf die Straße, selbst im bedächtigen Mecklenburg. Deshalb ist für mich«, bekennt Gauck, »der wichtigste Begriff dieser Wochen der Begriff ›Ermächtigung‹,« und die schönste Nacht für ihn war nicht so sehr der 9. November, sondern der Tag, als »in meiner Heimatstadt Rostock die vorher jahrzehntelang ängstlichen und geduckten Menschen auf die Straße gingen und gezeigt haben: Hier sind wir!« Als die Demonstranten danach nach Haus gingen, war das so, »als ob wir flogen«.

Tausende demonstrieren am 29.10.1989 vor dem Rathaus in Rostock.

Im Gespräch sind es dann vor allem die persönlichen Erfahrungen und Beweggründe der Bürgerrechtler, die die Schülerinnen und Schüler interessieren. Zum Beispiel: Wie kommt ein Theologe wie Joachim Gauck zur Politik? Die Antwort führt tief hinein in die Lebensmöglichkeiten, die junge Menschen in der DDR hatten. Denn eigentlich fühlte sich Gauck – »ich fühlte mich eigentlich auch nicht so heilig« – zum Pfarrer nicht berufen. Freimütig gesteht er: »Wenn ich jetzt im Westen so in Ihrem Alter wäre, dann hätte ich vielleicht das Berufsziel gehabt, Journalist zu werden.« Aber das ging nicht, weil er nicht einmal in der FDJ, der Staatsjugendorganisation, war, da »war es schon ein

Joachim Gauck, 1990

Wunder, dass ich Abitur machen konnte«; seine Kinder durften das später nicht. Außerdem hatte er als Junge erlebt, dass sein Vater von den Russen nach Sibirien verschleppt wurde, »da wirst du schon als Kind oppositionell«. »Ja, wenn ich in einer geordneten sozialistischen Familie aufgewachsen wäre, wäre ich vielleicht gar nicht auf die Idee gekommen.« Über die Junge Gemeinde, die evangelische Jugendgruppe in der Kirche, kam Gauck zur Theologie, wurde Pfarrer, und als im Herbst 1989 die Demonstrationen begannen und sich das Neue Forum bildete, wurde er von dessen Gründerin angesprochen. Denn, so Gauck, »die wusste, dass ich ein großes Maul hatte und dass ich die Leute auch erreichen kann«. Da war er »noch ein bisschen Pastor und schon ein bisschen politischer Bürger«. Und als dann im Frühjahr 1990 die ersten freien Wahlen kamen, wollten ihn die Leute von der Bürgerbewegung als Kandidaten, und mit Mühe und Not kam er dann als einziger Mecklenburger für Bündnis 90 in die Volkskammer. Dort kam dann die Aufgabe auf ihn zu, die Aufarbeitung der Stasiakten zu leiten. Und so ergab sich eins aus dem anderen. Gauck: »Ich hatte niemals gedacht, als ich mich entschloss, Pfarrer zu werden, dass ich mal in die größere Politik eintreten würde.«

> Die Macht der Mächtigen kommt von der Ohnmacht der Ohnmächtigen.

Markus Meckel,
Mitbegründer der SDP
in der DDR, 1990

Markus Meckel dagegen ist in einem evangelischen Pfarrhaus aufgewachsen und wollte immer Pfarrer werden. Das brachte ihm DDR-spezifische Probleme ein – Abgang von der Oberschule trotz Zeugnisdurchschnitt 1,1 –, aber auch eine besondere Chance: Abitur und Studium unter dem Dach der Kirche, denn es gab in der DDR einige Schulen, wo man innerkirchlich Abitur machen konnte, und drei kirchliche Hochschulen, wo man Theologie studieren konnte. Da konnte man so frei studieren »wie sonst nur im Westen«. Schon als Student und Vikar gehörte für ihn zur christlichen Verkündigung die Dimension des Sozialen und Politischen. In den 1980er Jahren gab es dann auch in der DDR den sogenannten Prozess für Gerechtigkeit, Frieden und Bewahrung der Schöpfung, eine Initiative der Ökumene. Das führte dazu, dass diese Aktivitäten auch innerhalb der Kirche anerkannt wurden. Denn vorher war das keineswegs so: Da konnte es geschehen, so berichtet Meckel, dass ein Vorgesetzter zu ihm kam und mit vorwurfsvollem Unterton sagte: »Na, was du da so Politisches machst.« Aber dann wuchs in der Kirche das Verständnis dafür, dass das gesellschaftliche und politische Engagement mit zum kirchlichen Auftrag gehört. Daraus erwuchsen schließlich auch die Gründung der DDR-Sozialdemokraten und dann die Kandidatur für die Volkskammer. Seither ist Markus Meckel in der Politik, aber Pfarrer ist er immer noch, wenn auch im sogenannten Wartestand.

Mobiles Friedensseminar in Kessin 1984 mit Ulrike Poppe (Bildmitte)

Neben dem Widerstand unter dem Dach der Kirchen gab es in der DDR auch eine Bürgerbewegung, die vor allem aus eigenen Unrechtserfahrungen erwuchs. Zu ihr gehörte Ulrike Poppe, die deshalb auch verfolgt wurde. Ein Schüler möchte wissen, wie es war, als sie, 1983, sechs Wochen in Haft war – übrigens zusammen mit Bärbel Bohley, die später auch ein wichtige Rolle in der Bürgerbewegung gespielt hat. Der Grund war die Absicht der SED, die Gruppe Frauen für den Frieden zu zerschlagen, die sich gebildet hatte, um gegen die geplante Einbeziehung von Frauen in den Wehrdienst und damit gegen die Militarisierung der DDR insgesamt zu protestieren. Zu diesem Zweck wurde der Kontakt zu einer Neuseeländerin, mit der sie sich zu dem Thema ausgetauscht hatten, mithilfe eines Gummiparagrafen zum Verdacht landesverräterischer Nachrichtenübermittlung aufgebauscht. Ulrike Poppe wurde in der Untersu-

Zentrale Untersuchungshaftanstalt des Ministeriums für Staatssicherheit in Berlin-Hohenschönhausen

chungshaftanstalt Hohenschönhausen inhaftiert – der Ort, an dem sich heute eine Gedenkstätte befindet –, doch es gab in der DDR und außerhalb von ihr so viele Proteste, dass der geplante Prozess nicht stattfand. Heute weiß man, dass es sogar einen Politbüro-Beschluss zur Freilassung der beiden Frauen gab. Für Ulrike Poppe und die Bürgerrechtsbewegung war das ein Beweis, dass es eine »Kraft der Öffentlichkeit gab, die sich solidarisch verhält ... und stärker sein konnte als die hochgerüstete Macht der SED«.

Bei Uwe Schwabe hingen die Erfahrungen, die ihn zum Dissidenten machten, mit dem Wunsch zusammen, zur See zu fahren. Um das zu erreichen, hatte er sich sogar für drei Jahre zur Nationalen Volksarmee gemeldet. Das wurde für ihn zur »Reise in die Wirklichkeit der DDR«. Er habe die DDR bei der NVA sozusagen »auf engstem Raum erlebt: Bespitzelung, Demütigung, Unterdrückung«. Sein Kompanie-Offizier hat ihn damals mit der Drohung entlassen: »Wir werden dafür sorgen, dass Sie in der Kohle landen«, also im Bergwerk. Das habe er zwar nicht ganz geschafft, sagt Schwabe heute, aber seinen Lebenswunsch, zur See zu

Drei Jahre bei der Nationalen Volksarmee: Eine Reise in die Wirklichkeit der DDR

fahren, hat er ihm verlegt. Das hat, wie er heute weiß, seinen Widerspruchsgeist erst recht herausgefordert: »Ich sage heute, dass die in der Armee uns oppositionell ein bisschen mit erzogen haben.« Er hat dann auch den Reservistendienst verweigert. Das verschaffte ihm noch die Teilnahme an dem Spektakel, im Wehrkreiskommando zum Soldaten degradiert zu werden.

Kaum ein anderes Element des politischen Systems der DDR hat so viel Aufmerksamkeit und Abscheu erregt wie der Staatssicherheitsdienst. Viele der Schülerinnen und Schüler wollen deshalb wissen, ob auch die Bürgerrechtler Stasiunterlagen haben, ob sie sie angesehen und was sie da gefunden haben. Natürlich hatte Joachim Gauck, so berichtet er, eine Akte und als Bundesbeauftragter für die Unterlagen der Stasi hat er sie auch gelesen. Sie war etwa 1.200 Seiten stark, »wirklich wenig«, wie Gauck findet, im Vergleich zu anderen. Aber er ist ein Beispiel für die Absicht der Stasi, in die Opposition

Dienstsitz des Ministeriums für Staatssicherheit in der Ost-Berliner Normannenstraße.
Hier residierte auch Stasi-Chef Erich Mielke.

einzudringen. Deshalb hat die Stasi das Gespräch mit ihm gesucht, scheinbar verständnisvoll, aber, natürlich, mit dem Hintergedanken, ihn in ihre Pläne einzubauen. Das habe er sogleich abgewehrt, indem er den Bischof und seine Pastorenkollegen darüber informiert habe. Und mit den Jugendlichen in seinem Jugendkreis, die die Stasi auf ihn angesetzt hatte, hat er sich Strategien ausgedacht, wie sie sich aus der Affäre ziehen konnten. Sie sollten und wollten ja keine Helden sein, und so hat man gemeinsam nach Ausreden gesucht, um die Stasi ins Leere laufen zu lassen. Natürlich hat die Stasi Gaucks Briefe geöffnet und das Telefon abgehört und Dienstreisen in den Westen verhindert.

Aber insgesamt habe er, so sagt er offenherzig, gar nicht geglaubt, dass die Stasi an ihm ein besonderes Interesse haben könne. Seine Frau war immer überzeugt, dass sie die Wohnung verwanzt hätten. Er habe gefunden, dass sie übertreibe, und zu ihr gesagt: Kannst du nicht endlich mal wieder normal sein? Bloß, so Gauck heute, »sie hatte recht, ich nicht. Ich war ein bisschen naiv«.

Ulrike Poppe ist dagegen von der Stasi nach allen Regeln ihrer erbärmlichen Kunst ausgeforscht und verfolgt worden. Die Bürgerrechtlerin, die heute Studienleiterin einer Evangelischen Akademie ist, ist für die jungen Leute aus Osten und Westen ein Exempel für die Arbeit dieses Geheimdienstes, seinen manischen Ausforschungseifer und seine Menschenverachtung. Als sie 1992 in ihre Stasi-Akte Einblick nehmen durfte, wurden

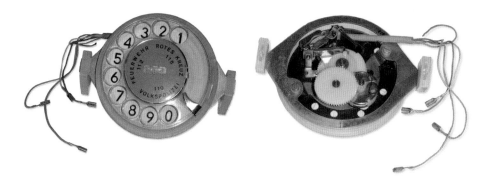

Mit einer Wanze präparierte Telefonwählscheibe

ihr etwa 40 Ordner auf den Tisch gelegt. Inzwischen weiß sie, dass es über 50 Ordner mit Material über sie gab. Obwohl sie und ihr Mann als bekannte Bürgerrechtler annahmen, dass sie überwacht wurden, und auch mit umfangreichen Unterlagen rechneten, waren sie davon doch ziemlich überrascht. Den Ordnern konnte man entnehmen, dass ungefähr 85 inoffizielle Mitarbeiter der Stasi auf sie angesetzt waren, Berichte geschrieben haben oder sonst in den Akten auftauchen. Sie haben mit Wanzen gearbeitet und natürlich das Telefon abgehört. Es gab Hunderte von Spitzelberichten, es wurde viel fotografiert, in den Akten fanden sich die entsprechenden Observationsfotos, es gab

> Man lebte eigentlich ohne Privatsphäre. Die Stasi-Leute kamen überallhin mit, sogar in die Schwangerenberatung.

– wie die Poppes schon damals vermuteten – eine Kamera im Haus gegenüber, die den Hauseingang im Blick hatte, und es wurde auch in ihre Wohnung hineingefilmt. Man lebte eigentlich, so beschreibt Ulrike Poppe im Rückblick die Wirkung dieser Aktionen, ohne Privatsphäre, denn die Stasi hörte ja sozusagen auch jeden Streit um den Abwasch, wertete ihn aus und konnte daraus Material gewinnen für sogenannte »Zersetzungspläne«, mit denen sie störend und zerstörend in das Privatleben eindrang.

Ulrike Poppe wurde auch Opfer der sogenannten »offenen Observation«. Das sah so aus: »Die Stasileute gingen hinter uns her, wir sahen sie und wir sollten sie auch sehen. Oft gingen sie so im Abstand von ein oder zwei Metern hinter uns, zwei oder drei junge Männer, wo immer wir auch hingingen, sie kamen sogar in die Schwangerenberatung

Akten über Opfer und Täter: Unterlagen aus der Arbeit der DDR-Staatssicherheit

mit, die kamen einfach überall mit hin.« Daneben gab es auch die verdeckte Beschattung, aber dafür entwickelt man mit der Zeit auch einen Blick: »Keine Jeans, keine Turnschuhe, keine Bärte und immer so ein Handgelenktäschchen.« Insofern waren sie ziemlich ungeschickt. Insgesamt – so hat Ulrike Poppe zusammengerechnet – ist sie 13 Mal festgenommen worden, einfach auf der Straße oder aus der Wohnung heraus, was, da sie Kinder hatte, manchmal recht kompliziert wurde. Das war die Situation, so resümiert Ulrike Poppe, »mit der wir irgendwie leben mussten«.

In der Debatte kommen auch die Vorstellungen zur Sprache, die die Bürgerbewegungen von der Zukunft hatten. Ein Schuler hat gelesen, dass in Leipzig im September 1989 Menschen unter der Losung »Wir bleiben hier« demonstrierten. Er will wissen, wie die DDR denn hätte aussehen müssen, damit sie sich dort wohl fühlten. Uwe Schwabe räumt freimütig ein, dass sich die Bürgerbewegung »ein bisschen außerhalb der normalen Strukturen« der DDR-Gesellschaft befand. »Wir haben gar nicht mehr gewusst, was die Leute wirklich wollen, uns aber als Spitze einer Massenbewegung gesehen.« Heute ist ihm klar, dass die Leute diesen Weg nicht mehr gehen wollten. Es ist ihm »ganz wichtig«, nochmals festzuhalten, dass es die Leute auf der Straße waren, die die Wiedervereinigung wollten. Sie hat uns »weder Helmut Kohl aufgestülpt oder uns eingekauft oder sonst was ... Die Leute wollten keine Experimente mehr. Die haben die Nase voll gehabt. Die wollten das einfach nicht mehr. Die wollten auch nicht mit uns darüber diskutieren, wie denn der Weg zur Demokratie in der DDR aussehen könnte«. Uwe Schwabe sieht das heute positiv: »Das war gut so. Ich weiß nicht, was gewesen wäre, wenn wir noch drei Jahre diskutiert hätten. Wir würden wahrscheinlich heute allein in der DDR sitzen.« Natürlich waren er und seine Freunde damals enttäuscht und hätten sich einen anderen Weg gewünscht. Aber wenn er die Entwicklung von heute aus betrachtet, dann ist das Urteil dieses Bürgerrechtlers der erste Stunde eindeutig: »Es gab gar keine andere Möglichkeit.«

> Es waren die Leute auf der Straße, die die Wiedervereinigung wollten. Sie wollten keine Experimente mehr.

Joachim Gauck schlägt in die gleiche Kerbe, was die Haltung gegenüber dem sogenannten dritten Weg angeht, den damals viele Bürgerrechtler zwischen östlichem Sozialismus und westlichem Kapitalismus suchten. Er beschreibt plastisch, wie das damals praktisch für einen Jungpolitiker wie ihn und seine Freunde in Rostock aussah. »Da waren die Leute von der Werft, die fragten: Was soll nun werden? Da sagst du: Wir

Sitzung des Zentralen Runden Tisches in Berlin. Hier trafen ab 7. Dezember 1989 Repräsentanten der Oppositionsgruppen auf Vertreter der alten Macht, um über die weitere Entwicklung in der DDR zu verhandeln.

sind ja für das Beste. Ja wunderbar. Ja, aber wie genau? Ja, das weiß ich auch nicht. Kriegen wir Anteile an der Werft oder was?« Das Neue Forum in Berlin hatte eine Arbeitsgruppe Ökonomie, und dort habe er angerufen: »Was sollen wir denn unseren Leuten sagen? Was ist denn unsere Ökonomie? Antwort: Eine Ökonomie des dritten Weges, wie sie gewünscht wird, haben wir nicht. Ich: Ja, aber was soll ich dann sagen? Berlin: Also wir finden die soziale Marktwirtschaft ist das angezeigte Modell. Ich: Das kommt mir bekannt vor. Danke. In der Werft sagte ich dann: Unsere Fachleute sagen: Soziale Marktwirtschaft. Die Arbeiter fanden das ganz einleuchtend. Die sagten: Ja, ist ganz klar, ist ja wie im Westen. Ja, dann sind wir auch für die Einheit. Und so wird man dann plötzlich und wie von selbst«, so schließt Gauck die Geschichte, »von einem Visionär zu einem Realisten«.

Am Ende dieser Debatte geht es um die moralische, die Tiefendimension der Menschen, die sich in der Bürgerrechtsbewegung in der DDR engagiert und die sie getragen haben. Eine Schülerin fragt Ulrike Poppe, ob sie während der Zeit ihrer politischen Arbeit in der Bürgerbewegung nie daran gedacht hat, aufzugeben. Sie fragt es etwas zögernd, als ob die Frage eine Zumutung für die Frau auf dem Podium sei, und Ulrike Poppe antwortet überraschend knapp: »Doch«. Sie habe oft Zweifel gehabt, ob es Sinn habe, weiterzumachen. Ob sie und ihre Mitkämpfer überhaupt etwas ändern könnten, ob sie dazu die Kraft hätten, ob sie genug Leute seien.

Vor allem an den DDR-Feiertagen, dem 7. Oktober, dem Staatsgründungstag, oder dem 1. Mai, an dem große Paraden stattfanden und die Menschen stundenlang jubelnd an den Tribünen vorbeizogen, wo Honecker und seine Genossen leutselig winkten, habe sie sich »unendlich elend und klein«, eben als Minderheit gefühlt. Dann habe sie sich schon gefragt: »Haben wir überhaupt recht, hat das alles einen Sinn, sind wir nicht Märtyrer, sind wir nicht viel zu naiv?« Aber irgendwie sei dann immer wieder die Hoffnung gewachsen, zumeist durch andere, die dazustießen und das alles genauso sahen wie sie und ebenso überzeugt waren, etwas tun zu müssen. »Es hat keinen Sinn, einfach in den Westen zu gehen. Wer, wenn nicht wir, soll hier etwas ändern?« So sei sie, sagt Ulrike Poppe, auch in Krisenzeiten wieder stabilisiert worden und habe durchgehalten.

Der Händedruck – das Abzeichen der Sozialistischen Einheitspartei Deutschlands (SED) – an der Vorderfront des ehemaligen ZK-Gebäudes in Ost-Berlin im Januar 1990: Die Insignien der einstigen Machthaber werden abmontiert und landen auf der Schutthalde der Geschichte.

Mehr als eine halbe Million Menschen demonstrieren am 4.11.1989 auf der größten Demonstration in der Geschichte der DDR friedlich im Berliner Stadtzentrum für Presse-, Meinungs- und Versammlungsfreiheit.

Nicht zu vergessen die gehörige Portion Trotz, die dazu kam. Denn »ich wusste, die wollen uns loswerden und hätten es am liebsten gesehen, wenn die ganze Opposition in den Westen geht und sie dann in Ruhe mit den Angepassten ihr Regime fortführen«.

Für Uwe Schwabe war Resignation, gar der Wechsel in den Westen kein Thema. Ähnlich wie bei Ulrike Poppe war der Grund dafür zum guten Teil Trotz, zum anderen Mut. Wie kommt die DDR-Führung dazu, so habe er sich gefragt, sich anzumaßen, mir vorzuschreiben, »was für ein Buch ich lesen soll, wohin ich reisen kann, welchen Beruf ich ausführen darf?« Das hat ihn wütend gemacht, aber zugleich die Kraft gegeben, mit allen Zweifeln fertig zu werden. Aber, so sagt Schwabe, »wir hatten ja auch immer wieder Glücksmomente – zum Beispiel als damals in Leipzig im Januar 1989 im Anschluss an das Friedensgebet in der Nikolaikirche 800 Leute demonstrierten«, für uns »ein wahn-

> Wir wollten die
> Leute animieren,
> selbst aktiv zu
> werden und für
> ihre Interessen
> einzustehen.

sinniger Erfolg«. Denn »wir wollten die Leute animieren, selbst aktiv zu werden und für ihre Interessen einzustehen«. »Das war unser Wunsch und das haben wir im Herbst 1989 mit der friedlichen Revolution, mit dieser großen Aufbruchstimmung dann auch erreicht.«

Den Respekt und Dank an diejenigen, die mit ihrem Widerstand gegen das DDR-Regime, allen Einschüchterungen durch Staatsapparat und Stasi zum Trotz, den Weg zur friedlichen Revolution und damit zur deutschen Wiedervereinigung gebahnt haben, hatte der Bundespräsident am Anfang der Veranstaltung ausgesprochen. Am Ende stellt sich heraus, dass es mit diesem Dank nicht so einfach ist. Eine Schülerin ist darauf gestoßen, dass Ulrike Poppe, Joachim Gauck und Uwe Schwabe das Bundesverdienstkreuz erhalten haben, und fragt nun, was sie dabei empfunden haben. Die Antworten lassen nochmals spüren, wie skrupulös das Selbstverständnis der Bürgerrechtler war, und wie der schwierige Weg, den sie zurückgelegt haben, ihnen noch lange im Verhältnis zu dem Staat anhing, den sie doch miterstritten haben.

Uwe Schwabe (3. v. l.) und andere Oppositionelle bei der ersten Montagsdemonstration im Leipziger Nikolaikirchhof am 4.9.1989.

Joachim Gauck dachte an seine Mitstreiter vom Neuen Forum, die die Bundesrepublik noch immer nicht wirklich als ihr Land ansehen mochten. Im Unterschied zu ihnen habe er selbst, so bekennt er, »sehr früh auch ja sagen können zur Einheit und sich wahnsinnig gefreut«. Aber, fügt er hinzu, »man muss sich da erst einmal reinfreuen«. Uwe Schwabe war sehr skeptisch und hat lange überlegt, ob er die Auszeichnung annehmen solle. Dabei spielte auch eine Rolle, dass die DDR mit vollen Händen Orden zumeist an die falschen Leute verteilt hat. Vor allem aber sei er der Meinung gewesen, dass die friedliche Revolution keinen Führer hatte, »denn es war wirklich das Volk, das sie gemacht hat«. Auch Ulrike Poppe hatte eine ganze Portion Skepsis herunterzuschlucken. »Haben wir so viel mehr getan als viele andere?«, habe sie sich gefragt. Und: »Lasse ich mich jetzt einkaufen, verliere meinen kritischen Blick, weil ich geehrt werde und es mir gut geht?« Sie glaubte, sich davor schützen zu müssen, jetzt Probleme vielleicht weniger scharf zu sehen als in einer unterprivilegierten Minderheitenposition.

Die Schüler und Schülerinnen, die an diesem Vormittag Gast des Bundespräsidenten waren, haben sich vielleicht eine andere Frage gestellt: Wären ohne solche Skrupel, ohne die Neigung zur peniblen Selbstbefragung, ohne das Wagnis, in der Wahrheit zu leben – wie es Václav Havel formuliert hat –, Persönlichkeiten möglich wie die, die dort auf dem Podium saßen? Anlass dazu geben die Erinnerungen, die Schicksale und die Wendungen der Geschichte genug, die dabei zur Sprache kamen. Übrigens haben sie alle schließlich doch die Auszeichnung angenommen. Uwe Schwabe und Ulrike Poppe haben sich dafür entschieden, weil sie sich dazu durchgerungen haben, die Auszeichnung als eine Anerkennung zu verstehen, die sie stellvertretend erhalten haben – für die vielen, die an der friedlichen Revolution mitgewirkt haben. So ähnlich sieht das auch Joachim Gauck. Aber er gibt seinen Mitdiskutanten zu bedenken, ob nicht doch mehr Anlass zur Freude und Genugtuung ist. »Wir alle haben hier Minderheitensituationen beschrieben«, so formuliert er locker und ist dabei sichtlich guter Laune, »und haben niemals, als wir anfingen, etwas anders zu machen als die Mehrheit, daran gedacht, dass das einmal öffentlich anerkannt würde. Wir waren froh und glücklich, wenn wir eine Gruppe von Freunden um uns hatten.« Nun sei schließlich doch die Freiheit gekommen und dann die Einheit »und jetzt sagen sie uns auch noch Danke«.

Die Bewohner Ost- und West-Berlins feiern gemeinsam am Brandenburger Tor den Fall der Mauer.

IM GESPRÄCH

Schüler:	Herr Gauck, Sie haben von 1958 bis 1965 Theologie studiert. Wie sind Sie dann zur Politik gekommen?
Joachim Gauck:	Ich war damals nicht in der FDJ, also der Staatsjugend, und deshalb war es schon ein Wunder, dass ich überhaupt Abitur machen konnte. Meine Kinder, die auch nicht in der FDJ waren, durften später nicht Abitur machen. Ich bin dann in der evangelischen Jugend gewesen, in der Jungen Gemeinde. Das hatte mir gefallen, die Leute dort waren nicht so ängstlich; es gab einen Höheren, das war nicht Walter Ulbricht, das war Gott. Dieses Gefühl gefiel mir: Ich muss nicht so viel Angst haben. Ich spürte auch, dass man dort Menschen findet, die nach einer Alternative suchen.

Joachim Gauck

Ich gehörte nicht zu einer Gruppe wie Ulrike Poppe, die sehr früh schon eine kleine Gruppe gebildet hatte. Aber ich habe dieselben politischen Themen – Menschenrechte, Freiheit, Ökologie – in meine normalen Unterrichtsstunden oder in meine Jugendarbeit aufgenommen. Dadurch gehörte ich automatisch zu den Kritischen. Dann hat mich eine Frau, die in Rostock das Neue Forum gegründet hat, angesprochen: »Du musst jetzt sprechen«. Die wusste, dass ich ein großes Maul habe, dass ich die Leute auch erreichen kann. Dadurch kam ich in die Situation, die Gottesdienste zu leiten, von denen die Demonstrationen ausgingen. Ich wurde Sprecher des Neuen Forum und habe dann natürlich auch Politik gemacht, habe auch den Kampf gegen die Stasi ganz bewusst mit angeleitet. Als die ersten freien Wahlen kamen, haben die Leute von den Bürgerbewegungen gesagt: »Du solltest unser neuer Kandidat sein.« Da haben wir erst einmal debattiert, ob wir überhaupt eine Partei gründen wollten, denn die meisten Leute mochten keine Partei. Ich habe dann kandidiert und bin gerade noch mit Mühe und Not als einziger Mecklenburger für diese Gruppierung in die Volkskammer gekommen.

Schüler:	Herr Meckel, hatten Sie bereits in Ihrer Schulzeit ein Gefühl von Unfreiheit?
Markus Meckel:	Ja. Das Gefühl schon. Ich bin in einem Haus aufgewachsen, in dem wir uns immer sehr klar zu den Themen »Freiheit, Demokratie, Menschenrechte« bekannt haben. Im kirchlichen Missionshaus hier in Berlin wohnten wir zusammen mit einer ganzen Reihe kirchlicher Familien. In der nächstgelegenen Schule war deshalb in jeder Klasse ein Kind aus dem Missionshaus. Man muss sich daran erinnern, dass in der DDR immer alles hundertprozentig sein musste. Man wollte, dass möglichst 100 Prozent zur Kinderorganisation »Junge Pioniere« gehörten oder zur Jugendorganisation, der FDJ. Ich bin – wie andere auch – zu beiden nicht gegangen. Das wurde für diese Schule dann so problematisch, dass sie das Recht zugestanden bekam, alle, die aus diesem Missionshaus kamen, einfach nicht mitzuzählen. Sonst hätte die Schule im Bezirkswettkampf schlecht dagestanden. Nachdem meine Schwester nicht in die Erweiterte Oberschule gehen durfte, hat mein Vater es bei mir dann doch geschafft. Ich wollte Pfarrer werden mit Latein und Griechisch. Aber ich musste dann doch nach der 10. Klasse die Schule ver-

lassen, weil ich politisch nicht mehr genehm war. Ich war zwar einer der Besten, aber auch mit 1,1 Notendurchschnitt konnte man in der DDR nicht immer Abitur machen. Also musste ich gehen. Es gab jedoch glücklicherweise Schulen, auf welchen man innerkirchlich Abitur machen konnte. Und es gab neben sechs staatlichen Universitäten auch drei kirchliche Hochschulen, an denen man Theologie studieren konnte. Für mich selber erwies sich dies alles sogar als Vorteil, weil das Studium an den kirchlichen Hochschulen ein ungeheuer freies Studium war, das es const nur im Westen gab. Ich habe dann richtig lange studiert, 15 Semester, und nur das, was ich wollte. Theologie und Philosophie. Das war eine hoch spannende Zeit, in der ich ungewöhnlich viel Freiheit erfahren habe.

Markus Meckel, Ulrike Poppe

Schüler: Frau Poppe, als Sie 1983 mit Bärbel Bohley wegen Verdachts auf »landesverräterische Nachrichtenübermittlung« sechs Wochen in Untersuchungshaft waren, was für Gefühle hatten Sie und wie waren die Umstände?

Ulrike Poppe: 1982 hatte sich eine Frauengruppe gegründet, die nannte sich Frauen für den Frieden. Der Anlass war, dass durch die Volkskammer ein neues Gesetz verabschiedet worden war, das die Einbeziehung der Frauen in die Wehrpflicht in drei Fällen vorsah: Vorbereitung der Mobilmachung, Mobilmachung und Kriegsfall. Gegen dieses neue Gesetz, das natürlich nicht öffentlich diskutiert wurde, sondern einfach wie üblich durch die Volkskammer durchgewinkt wurde, hatten wir versucht, uns zur Wehr zu setzen, weil wir darin einen weiteren Akt der Militarisierung der ganzen Gesellschaft sahen. Wir wollten den »Kreis der Gewalt«, so hieß es in unserem Aufruf, durchbrechen und haben gesagt, wir machen da nicht mit, und wir wollen öffentlich darüber reden. Deshalb wurde unsere Frauengruppe immer aktiver. Vermutlich dachte die Stasi, wenn sie vier Leute aus der Frauengruppe verhaftet, bricht diese auseinander. Zum Anlass wurde ein Kontakt zu einer Neuseeländerin genommen, mit der wir uns über die Situation der Frauen in der DDR unterhalten hatten – also ein relativ harmloses Thema. Das politische Strafrecht enthielt jedoch viele Paragrafen, die unendlich dehnbar und für alles Mögliche anwendbar waren. Der spezielle Paragraf 99 beinhaltete beispielsweise die »Weitergabe von Informationen an Vertreter einer fremden Macht«, wobei es gar nicht wichtig war, ob diese Informationen geheim waren oder nicht. Das Gespräch mit der Neuseeländerin wurde also zum Anlass genommen, und wir kamen in die Untersuchungshaftanstalt Hohenschönhausen. Eigentlich sollte das dann auf einen Prozess zulaufen, der wahrscheinlich mit einer Haftstrafe geendet hätte und dann möglicherweise mit einer Abschiebung in den Westen. Dazu ist es jedoch nicht gekommen. Es gab unwahrscheinlich viele Proteste – sowohl von kirchlichen Gruppen und anderen Friedensgruppen in der DDR als auch im Westen von Friedens- und Frauengruppen. Damit geriet das SED-Politbüro so unter Druck, dass es einen eigenen Beschluss zur Freilassung von uns zwei Frauen gab. Das hat uns gezeigt, dass die Kraft einer Öffentlichkeit, die sich solidarisch verhält, stärker sein kann als eine hochgerüstete Macht wie die der SED.

Schüler: Anlässlich der steigenden Wählerzahlen der Linken und auch der Rechten sowie der bestehenden Rezessionsängste: Würde aus Ihrer Sicht vielleicht eine Art Sozialismus oder Kommunismus in Deutschland noch einmal möglich werden?

Markus Meckel:	Weil ich inzwischen bald 20 Jahre Außenpolitik mache, bin ich viel in der Welt unterwegs und glaube wirklich sagen zu können: Ich habe noch kein Land gefunden, in welchem die Möglichkeiten von Freiheit und Demokratie so groß sind und wo die Strukturen so gut funktionieren wie in Deutschland. Wir müssen sehr deutlich unterscheiden zwischen dem System und einer Politik, die man natürlich so oder so finden kann und die nur für eine bestimmte Zeit gewählt ist – das gehört zu einer Demokratie. Man muss sich auseinandersetzen, man muss versuchen Konsens zu finden. Ich bin leidenschaftlicher Parlamentarier und kann nur dazu ermuntern: Mischt euch ein, gründet Vereine, beteiligt euch an Parteien! Dies ist die Freiheit, die man sucht: Nicht zu warten, dass Freiheit kommt, sondern sie nutzen, indem man sich engagiert.
Schülerin:	Herr Schwabe, als Sie damals in der NVA dienten, gab es da ein besonderes Ereignis, das in Ihnen den Willen zum Widerstand geweckt hat? Und was sagten Ihre Eltern dazu?
Uwe Schwabe:	Ich war drei Jahre bei der Armee, weil ich den kühnen Traum hatte, zur Seefahrt zu können und damit sozusagen auf legalem Wege das Land verlassen zu können. Es hat nie geklappt, weil ich in der NVA sozusagen das »System DDR« auf engstem Raum erlebt habe: Bespitzelung, Demütigung, Unterdrückung. Das war für mich die Reise in die Wirklichkeit der DDR. Ich bin dort ganz oft angestoßen bei Politveranstaltungen und bei Politoffizieren. Ich habe dann das Glück gehabt, dort jemanden kennenzulernen, der in einer kirchlichen Einrichtung aktiv war und der mir ein bisschen die Augen geöffnet hat. Mein Kompanieoffizier hat mich damals entlassen mit den Worten: »Wir werden dafür sorgen, dass Sie in der Kohle landen.« Das hat er nicht ganz geschafft, aber den weiteren Lebensweg, den ich vorhatte – zur See zu fahren –, hat er damit beendet. Was wiederum meinen Widerspruchsgeist geweckt hat.

Uwe Schwabe

Schülerin:	Frau Poppe, haben Sie während der gesamten Zeit Ihres politischen Wirkens nie daran gedacht, aufzugeben?
Ulrike Poppe:	Doch. Ich habe oft Zweifel gehabt, ob es Sinn macht, weiterzumachen. Ob wir irgendetwas ändern können, ob wir die Kraft haben, ob wir genug Leute sind. Wenn die Paraden stattfanden am 7. Oktober zum Staatsfeiertag oder am 1. Mai und das Volk jubelte an der Tribüne vorbei, dann fühlte ich mich unendlich elend und klein und als Minderheit und habe mich gefragt: »Haben wir überhaupt recht, hat das alles einen Sinn, sind wir nicht Märtyrer, sind wir nicht viel zu naiv?« Aber irgendwie kam immer wieder Hoffnung auf, meistens dadurch, dass immer wieder neue Leute kamen, die gesagt haben: »Ich sehe das so wie du, und wir müssen etwas machen. Es hat keinen Sinn, einfach in den Westen zu gehen. Wer, wenn nicht wir, soll hier etwas ändern?« Dadurch, dass neue Leute mit neuen Hoffnungen dazukamen, wurde ich dann auch in Krisenzeiten immer wieder stabilisiert und habe es irgendwie auch durchgehalten. Und eine gehörige Portion Trotz kam dann auch dazu.

Schülerin:	Herr Schwabe, Sie galten in der DDR als ein »Staatsfeind«. Haben Sie aus diesem Grund daran gedacht, aus der DDR zu fliehen?
Uwe Schwabe:	Für mich persönlich war das überhaupt kein Thema. Es war ein großer Teil Trotz, aber auch eine große Portion Mut bei mir vorhanden. Weil sich eine Elite im Land angemaßt hat zu entscheiden, was für ein Buch ich lesen soll, wohin ich reisen kann, welchen Beruf ich ausführen darf. Das hat mich so wütend gemacht und hat mir auch die Kraft gegeben – mit allen Zweifeln, die wir natürlich immer hatten. Bringt denn das was? Sind wir denn genug? Schaffen wir denn das? Aber wir hatten immer wieder so Glücksmomente – zum Beispiel als damals in Leipzig im Januar 1989 im Anschluss an das Friedensgebet in der Nikolaikirche 800 Leute auf der Straße waren. Das war für uns ein wahnsinniger Erfolg. Wir wollten die Leute animieren, selber aktiv zu werden, und selber für ihre Interessen einzustehen. Das war unser Wunsch, und wir haben das im Herbst 1989 erreicht. Es war eine wahnsinnige Aufbruchstimmung. Das hat uns auch immer wieder Mut gemacht im Vorfeld des Herbstes 1989.

Der Bundespräsident im Gespräch mit den Schülerinnen und Schülern im Salon Louise

ANHANG – DIE ZEITZEUGEN

THOMAS AMMER

(*19.7.1937 in Eisenberg)
Im Herbst 1953 Gründungsmitglied einer Oppositionsgruppe von Oberschülern gegen
das SED-Regime, die Gruppe geht später als »Eisenberger Kreis« in die Widerstandsge-
schichte ein; Teilnahme an Plakat- und Flugblattaktionen; ab 1955 Medizinstudium
in Jena; Ausweitung des Aktionsradius der Gruppe und Intensivierung der Widerstands-
tätigkeit; 1956 u. a. Brandanschlag auf einen Schießstand der Gesellschaft für Sport
und Technik (GST); Anfang 1958 Zerschlagung der Gruppe und Verhaftung von 25 Mit-
gliedern; Prozess und Verurteilung wegen »Staatsverrat« zu 15 Jahren Zuchthaus; Haftstationen in Gera, Waldheim und Brandenburg-Görden, 1964 Freikauf durch die Bundesrepublik; Studium der Politischen Wissenschaften, Jura und Geschichte in Tübingen,
Bonn und Erlangen; 1975–1991 Mitarbeiter am Gesamtdeutschen Institut in Bonn; seit
1991 Mitarbeiter der Bundeszentrale für Politische Bildung, von 1992–1998 Mitarbeiter der beiden Enquete-Kommissionen des Deutschen Bundestages »Aufarbeitung von
Geschichte und Folgen der SED-Diktatur in Deutschland« und »Überwindung der Folgen
der SED-Diktatur im Prozess der deutschen Einheit«.

GÜNTER ASSMANN

(*9.2.1921 in Königshütte/Oberschlesien, † 26.2.2008 in Longkamp/Rheinland-Pfalz)
Bis 1949 sowjetische Kriegsgefangenschaft; danach Ansiedlung in Görlitz, ab 1951 Fern-
studium der Fachrichtungen Mathematik und Sport; daneben Lehrtätigkeit in einer
Grundschule; aktiver Teilnehmer des Volksaufstandes vom 17. Juni 1953 in Görlitz;
maßgebliche Beteiligung an der Befreiung von politischen Gefangenen aus dem örtlichen
Gefängnis; nach Niederschlagung des Aufstandes Verhaftung und Verurteilung zu zehn
Jahren Haft; Haftstationen in Bautzen und Waldheim; nach rund acht Jahren Entlassung
in die DDR; 1986 im Rentenalter während einer Besuchsfahrt Flucht in die Bundesrepublik.

GERHARD BARTSCH

(*19.6.1932 in Kunzendorf/Schlesien)
1945–1950 Besuch der Oberschule in Löbau; seit 1948 Mitglied der CDU; 1950 Mitglied
einer Schülerwiderstandsgruppe in Löbau; u. a. Flugblattaktionen gegen die Durchsetzung der SED-Diktatur; Herbst 1950 Enttarnung der Gruppe; Flucht nach West-Berlin;
1951 Verhaftung an der DDR-Grenze aus einem Interzonenbus heraus; Verurteilung

vor einem sowjetischen Militärtribunal wegen »Antisowjethetze, illegaler Gruppenbildung und Spionage« zu 25 Jahren Arbeitslager; Haftstationen in Bautzen und Torgau; 1956 Entlassung nach Leipzig; kurz danach erneute Flucht nach West-Berlin; ab 1957 Studium der Verfahrenstechnik, des Maschinenbaus und der Physik an der Technischen Universität Berlin, anschließend Promotion und Habilitation; nach Tätigkeit in der Wirtschaft 1970–1997 Inhaber des Lehrstuhls für Kerntechnik (Energietechnik) an der Technischen Universität Berlin.

MICHAEL BELEITES
(*30.9.1964 in Halle/Saale)
Aufgewachsen in Trebnitz bei Zeitz; 1981–1987 Berufsausbildung und Tätigkeit als Zoologischer Präparator am Naturkundemuseum in Gera, danach freiberuflich tätig; ab 1982 Engagement in überregionalen Initiativen der kirchlichen Friedens- und Umweltbewegung; ab 1986 Recherchen zu den ökologischen und gesundheitlichen Folgen des Uranabbaus der SDAG Wismut; Juni 1988 Fertigstellung der Dokumentation »Pechblende – Der Uranbergbau in der DDR und seine Folgen«; 1982–1989 Verfolgung durch die Stasi (OV »Entomologe«); 1989–1990 Mitglied des Geraer Bürgerkomitees zur Stasi-Auflösung; Februar 1990 Berater des Neuen Forums am Zentralen Runden Tisch in Berlin; Juni 1990 Gründungsmitglied von Greenpeace DDR e.V.; Engagement für die Öffnung der Stasi-Akten; 1990–1992 Autor (Buchveröffentlichungen »Untergrund«, »Altlast Wismut«); 1992–1995 Landwirtschaftsstudium in Berlin und Großenhain (Sachsen); seit 1995 in Dresden überwiegend publizistisch tätig; seit 2000 Sächsischer Landesbeauftragter für die Stasi-Unterlagen.

ACHIM BEYER
(*4.10.1932 in Dresden)
Aufgewachsen in Werdau (Sachsen); seit 1950 Mitglied der oppositionellen Gruppe der Werdauer Oberschüler; u.a. Teilnahme an Flugblattaktionen gegen das Todesurteil des Oberschülers Hermann Flade und gegen das SED-Regime; 1951 Verhaftung der Gruppe; Verurteilung zu acht Jahren Zuchthaus; Haft u.a. in Waldheim und Torgau; 1956 Umwandlung der Reststrafe in Bewährung und Entlassung als letztes Mitglied der Widerstandsgruppe; Flucht in die Bundesrepublik; 1957 Abitur in Göttingen, ab 1957 Studium der Volkswirtschaft in Erlangen; 1963–1993 wissenschaftlicher Mitarbeiter des Instituts für Gesellschaft und Wissenschaft an der Universität Erlangen; langjähriges Vorstandsmitglied und Vorstandsvorsitzender des Kuratoriums »Unteilbares Deutschland«.

MICHAEL BOEHLKE
(*2.1.1964 in Ost-Berlin)

1980–1983 Sänger der Ost-Berliner Punk-Band »Planlos« unter dem Pseudonym »Pankow«; illegale Konzerte mit regimekritischen Texten; 1983 Verhaftung wegen »Aufruhrs und staatsfeindlicher Hetze«; Verpflichtung zur vorzeitigen Ableistung des Militärdienstes; ab 1985 Schlagzeuger der Band »Fatale« und Arbeit als Bühnenhandwerker, Bühnenbildner und Regieassistent am Deutschen Theater und der Staatsoper Berlin; 1990–1994 Inhaber eines Plattenladens; 1996 Ausbildung zum Physiotherapeuten; seit 2005 Projektleiter und Kurator der Ausstellung »ostPunk! too much future« sowie Mitherausgeber des Buchs »too much future. Punk in der DDR«; Autor und Co-Regisseur des Dokumentarfilmes »ostPunk! too much future«.

HARALD BRETSCHNEIDER
(*30.7.1942 in Dresden)

1960 Abitur in Döbeln; 1960–1965 Studium der Theologie in Leipzig; 1965–1966 Hilfsarbeiter auf Großbaustellen, Berufsabschluss als Zimmerer; 1966–1967 Bausoldat in der NVA; danach im Baukombinat Magdeburg tätig; 1969 Predigerseminar in Leipzig, anschließend bis 1979 Vikar und Pfarrer in Wittgendorf bei Zittau, verschiedene Engagements in der kirchlichen Friedensarbeit; 1979–1991 Landesjugendpfarrer für Sachsen in Dresden, dabei Gründungsinitiator verschiedener Friedensgruppen und -treffen, u.a. der ersten Friedensdekade in der DDR 1980; 1980 Schöpfer der Symbole »Schwerter zu Pflugscharen« und »Frieden schaffen ohne Waffen«; Tätigkeit als Berater für Wehrdienstverweigerer und Inhaftierte, später auch für Ausreisewillige; im Herbst 1989 Betreuung inhaftierter Demonstranten, Mitarbeit in der »Gruppe der 20« in Dresden; 1991–1997 Leiter der Stadtmission Dresden; bis Juli 2007 Oberlandeskirchenrat der Evangelisch-Lutherischen Landeskirche Sachsens.

HANS CORBAT
(*29.7.1926 in Berlin)

1944 Einberufung zur Wehrmacht; Juni 1945 Eintritt in die SPD; Juli 1945 Arbeit als Kultur- und Pressereferent im Antifaschistischen Jugendausschuss in Berlin; April 1946 Festnahme durch das NKWD wegen seines demonstrativen Austritts aus der SPD vor der Zwangsvereinigung mit der KPD; August 1946 Verurteilung durch das Sowjetische Militärtribunal Berlin wegen »antisowjetischer Propaganda« und »Spionage« zu 20 Jahren Zwangsarbeit und Einweisung in das Speziallager Torgau, ab November 1946 im Speziallager Bautzen inhaftiert; 1956 Entlassung nach Ost-Berlin; anschließend Flucht in die

Bundesrepublik; dort Ausbildung zum Zollinspektor, später Finanzbeamter in Hannover; 1991 Ruhestand; 1990 Mitbegründer des Opferverbandes Bautzen-Komitee e. V., zeitweise dessen Vorsitzender.

KARL WILHELM FRICKE
(*3.9.1929 in Hoym/Anhalt)
1948 Abitur in Aschersleben; 1949 Flucht aus der SBZ nach Westdeutschland; 1949 – 1953 Studium an der Hochschule für Arbeit, Politik und Wirtschaft in Wilhelmshaven und an der Deutschen Hochschule für Politik in Berlin; 1952 – 1955 freiberuflich tätiger Journalist in West-Berlin; 1955 von Stasi-Agenten aus West-Berlin entführt und vom 1. Strafsenat des Obersten Gerichts der DDR wegen »Boykott- und Kriegshetze« zu vier Jahren Zuchthaus unter Anrechnung der Untersuchungshaft verurteilt und bis 1959 in Brandenburg-Görden bzw. in Bautzen II in Haft, Entlassung nach West-Berlin; 1959 – 1969 freiberuflich tätiger Journalist in Hamburg; 1970 – 1994 Leitender Redakteur beim Deutschlandfunk in Köln; seit 1994 freiberuflich tätiger Publizist in Köln; 1992 – 1998 Sachverständiges Mitglied der Enquete-Kommissionen des Deutschen Bundestages »Aufarbeitung von Geschichte und Folgen der SED-Diktatur in Deutschland« und »Überwindung der Folgen der SED-Diktatur im Prozess der deutschen Einheit«; seit 1998 Vorsitzender des Fachbeirates Gesellschaftliche Aufarbeitung der Bundesstiftung zur Aufarbeitung der SED-Diktatur; 2000 – 2007 Mitglied des Stiftungsrates und Vorsitzender des Beirates der Gedenkstätte Berlin-Hohenschönhausen; 1996 Ehrenpromotion zum Dr. phil. h.c. am Fachbereich Politische Wissenschaft der Freien Universität Berlin.

JOACHIM GAUCK
(*24.1.1940 in Rostock)
1958 Abitur; 1958 – 1965 Studium der Theologie in Rostock; seit 1965 Pastor und Stadtjugendpfarrer; Förderung von Themen und Gruppen mit kritischen Positionen in Friedens-, Menschenrechts- und Umweltfragen; ab Oktober 1989 Mitinitiator der kirchlichen und politischen Protestbewegung in Mecklenburg; Mitglied im Neuen Forum Rostock und in dessen Sprecherrat; März – Oktober 1990 Abgeordneter der Volkskammer für Bündnis 90; Vorsitzender des »Sonderausschusses zur Kontrolle der Auflösung des MfS/AfNS«, im August 1990 in dieser Funktion Mitinitiator des Stasi-Unterlagengesetzes der Volkskammer; 3. Oktober 1990 Berufung zum Sonderbeauftragten der Bundesregierung für die personenbezogenen Unterlagen des ehemaligen Staatssicherheitsdienstes; 1991 – 2000 Bundesbeauftragter für die Unterlagen des Staatssicherheitsdienstes der ehemaligen DDR; seit 2004 Vorsitzender des Vereins »Gegen Vergessen – Für Demokratie e. V.«.

RALF HIRSCH

(*25.7.1960 in Ost-Berlin)

Oberschule; 1974 Austritt aus der FDJ; 1976 erste Kontakte zur kirchlichen Jugendarbeit; 1977 wegen angeblich »fehlgeleiteter politischer Anschauungen« Einweisung in das Jugendhaus Hummelshain, Schlosserlehre; 1979 Entlassung mit Auflagen für drei Jahre; Arbeit als Schlosser in Berlin; ab 1980 Mitarbeit im Kirchhofsbüro der Auferstehungsgemeinde; Mitorganisator der Blues-Messen in der Ost-Berliner Samariterkirche; 1982–1984 Nationale Volksarmee, nach Verweigerung des Dienstes an der Waffe Bausoldat; ab 1984 Organisation von Veranstaltungen der kirchlichen Jugendarbeit; 1986 Gründungsmitglied und Sprecher der Initiative Frieden und Menschenrechte; Arbeit für die Samisdat-Zeitschrift »grenzfall«; 1988 Verhaftung nach der Liebknecht-Luxemburg-Demonstration; Ausweisung in die Bundesrepublik; seit Mai 1988 Angestellter im Landesamt für zentrale soziale Aufgaben in West-Berlin; 1990–1991 Mitarbeit im Büro des Regierenden Bürgermeisters Walter Momper mit Zuständigkeit für Ost-West-Kontakte; seit 1992 Angestellter in der Senatsverwaltung für Stadtentwicklung.

ROLAND JAHN

(*14.7.1953 in Jena)

Abitur 1972, danach Wehrdienst; seit 1974 Mitarbeit in oppositionellen Gruppen in Jena, erste publizistische Beiträge für westliche Medien; 1975 Aufnahme eines Studiums der Wirtschaftswissenschaften in Jena, Exmatrikulation nach öffentlichem Protest gegen die Ausbürgerung Wolf Biermanns; ab 1977 Transportarbeiter im VEB Carl Zeiss Jena; ab 1980 öffentliche Unterstützung für die polnische Gewerkschaft »Solidarność« und Protest gegen das Kriegsrecht in Polen; nach Protestaktion gegen die Militärparade am 1. Mai 1982 mehrmalige Festnahmen und Verhöre durch die Polizei und das MfS; 1982 Verhaftung; fünf Monate Untersuchungshaft; Januar 1983 Verurteilung zu 22 Monaten Freiheitsstrafe; bereits zwei Monate später vorzeitige Haftentlassung wegen internationaler Proteste; März 1983 Mitbegründer der Oppositionsgruppe »Friedensgemeinschaft Jena«; Teilnahme an Demonstrationen mit eigenen Plakaten, u.a. »Schwerter zu Pflugscharen«; im Juni 1983 Ausbürgerung und Zwangsabschiebung in die Bundesrepublik; von West-Berlin aus jahrelange starke Unterstützung der DDR-Opposition; Tätigkeit u.a. für »Radio Glasnost«, »die tageszeitung« und das SFB-Magazin »Kontraste«, dort seit 1991 Redakteur.

UWE KASPEREIT
(*16.4.1958 in Bützow / Mecklenburg)

Erweiterte Oberschule in Bützow; Ausbildung zum KfZ-Elektromechaniker in Güstrow; 1977 erster Antrag auf Ausreise in die Bundesrepublik Deutschland; Beginn der Überwachung und Beobachtung seiner Person durch die Staatssicherheit, Ablehnung des Ausreiseantrags; 1978 zweiter Ausreiseantrag; Flugblattaktion in Bützow; Eröffnung des Operativen Vorgangs »Reißzwecke« durch die Stasi; Festnahme und Untersuchungshaft in Schwerin, Verurteilung zu neun Monaten Freiheitsentzug mit anschließenden staatlichen Kontrollmaßnahmen, Haft in Cottbus; im Februar 1979 Haftentlassung und Rückkehr nach Bützow; nach Verstoß gegen die staatlichen Kontrollmaßnahmen und weiteren Ausreisebemühungen erneute Verhaftung im April 1980 und Verurteilung durch das Kreisgericht Bützow zu einem Jahr und drei Monaten Freiheitsstrafe; inhaftiert im Gefängnis Berndshof bei Ueckermünde; Mai 1981 Freikauf durch die Bundesrepublik, seither Inhaber eines Eisenwarengeschäftes in Hamburg.

MARKUS MECKEL
(*18.8.1952 in Müncheberg / Brandenburg)

1959 – 1967 Allgemeine Oberschule, 1967 – 1969 Erweiterte Oberschule, musste die Schule aus politischen Gründen verlassen; 1969 – 1971 Kirchliches Oberseminar Potsdam-Hermannswerder, Hochschulreife; 1971 – 1978 Theologiestudium in Naumburg und Berlin; 1980 – 1988 Vikariat und evangelisches Pfarramt in Vipperow / Müritz; 1988 – 1990 Leiter der Ökumenischen Begegnungs- und Bildungsstätte in Niederndodeleben bei Magdeburg; oppositionelle politische Arbeit seit den 1970er Jahren; mit Martin Gutzeit Initiator der Gründung der Sozialdemokratischen Partei in der DDR (SDP); 1989/90 Vertreter der SDP am Zentralen Runden Tisch; seit der Gründung der SDP am 7. Oktober 1989 zweiter Sprecher der SDP, Februar – September 1990 stellvertretender Vorsitzender, April – Juni 1990 amtierender Vorsitzender der SPD-Ost; Mitglied der Volkskammer vom 18. März – 2. Oktober 1990; April – August 1990 letzter Außenminister der DDR; Mitglied des Deutschen Bundestages seit 1990; 1992 – 1998 Sprecher der SPD-Fraktion in den Enquete-Kommissionen des Deutschen Bundestages »Aufarbeitung von Geschichte und Folgen der SED-Diktatur in Deutschland« und »Überwindung der Folgen der SED-Diktatur im Prozess der deutschen Einheit«; seit 1994 Vorsitzender der deutsch-polnischen Parlamentariergruppe, seit 1998 Ordentliches Mitglied und Leiter der deutschen Delegation in der Nordatlantischen Versammlung, außerdem stellvertretendes Mitglied im EU-Ausschuss; seit 1998 Vorsitzender des Rates der Bundesstiftung zur Aufarbeitung der SED-Diktatur.

RUTH MISSELWITZ
(*4.2.1952 in Zützen/Brandenburg)
1970 Abitur; bis 1971 Schwesternschülerin in Berlin; anschließend Theologiestudium an der Berliner Humboldt-Universität und am Predigerseminar in Gnadau; seit 1981 Pfarrerin der evangelischen Kirchgemeinde Alt-Pankow in Ost-Berlin; 1981 Mitbegründerin des Pankower Friedenskreises, der zu den bedeutendsten kirchlichen Friedensinitiativen in der DDR zählte; 1988/89 Mitarbeit in der Untergruppe »Mehr Gerechtigkeit in der DDR« der Ökumenischen Versammlung der Kirchen und Christen in der DDR; 1989 Delegierte des Bundes der Evangelischen Kirche bei der Ökumenischen Versammlung »Frieden in Gerechtigkeit« in Basel; in der Friedlichen Revolution 1989/90 Moderation des Runden Tisches in Berlin-Pankow; seit 2001 Vorstandsvorsitzende der Aktion Sühnezeichen Friedensdienste e. V. (ASF).

EHRHART NEUBERT
(*2.8.1940 in Herschdorf/Thüringen)
1958 Abitur; 1958–1963 Studium der Theologie in Jena; 1964–1984 Vikar und Pfarrer in Niedersynderstedt (Kirchenkreis Weimar); ab 1973 auch Studentenpfarrer in Weimar; 1967–1975 Teilnahme an verschiedenen informellen Zirkeln, die (beeinflusst durch Robert Havemann) philosophische und soziologische Themen bearbeiten; seit 1979 Mitarbeit in Thüringer Friedenskreisen; seit 1984 Referent für Gemeindesoziologie in der Theologischen Studienabteilung beim Bund der Evangelischen Kirchen in Ost-Berlin; Juni 1989 Mitglied des Initiativkreises zur Gründung der Oppositionsbewegung Demokratischer Aufbruch (DA); Dezember 1989 – Januar 1990 stellvertretender Vorsitzender des DA am Zentralen Runden Tisch; Januar 1990 Austritt aus dem DA; seitdem wieder im kirchlichen Dienst; 1992–1994 Mitarbeiter der Fraktion Bündnis 90 im »Stolpe-Untersuchungsausschuss« des Brandenburgischen Landtages; 1996 Eintritt in die CDU; Gründungsmitglied und stellvertretender Vorsitzender des Bürgerbüros zur Aufarbeitung von Folgeschäden der SED-Diktatur; 1997–2005 Fachbereichsleiter in der Abteilung Bildung und Forschung der Bundesbeauftragten für die Unterlagen des Staatssicherheitsdienstes der ehemaligen DDR; 1998–2004 Vorstandsmitglied der Bundesstiftung zur Aufarbeitung der SED-Diktatur.

GERD POPPE

(*25.3.1941 in Rostock)

1959–1964 Studium der Physik an der Universität Rostock; 1965–1976 Tätigkeit als Diplom-Physiker in der Elektroindustrie, Umzug nach Berlin; seit 1976 faktisches Berufsverbot aus politischen Gründen; 1977–1984 Tätigkeit als Maschinist; 1984–1989 Ingenieur im Baubüro des Diakonischen Werkes in Berlin; seit 1968 in verschiedenen Gruppierungen der Opposition in der DDR tätig; 1985 Gründungsmitglied der Initiative Frieden und Menschenrechte; Mitherausgeber und Autor mehrerer illegaler Samisdat-Publikationen; maßgeblich beteiligt an der Organisation von Kontakten zur osteuropäischen Opposition; im Herbst 1989 einer ihrer Sprecher; Teilnehmer am Zentralen Runden Tisch von Dezember 1989 – März 1990; Februar – März 1990 Minister der DDR-Regierung (ohne Ressort); März – Oktober 1990 Mitglied der ersten frei gewählten Volkskammer der DDR; 1990–1998 Mitglied des Deutschen Bundestages; Mitglied der beiden Enquete-Kommissionen des Deutschen Bundestages »Aufarbeitung von Geschichte und Folgen der SED-Diktatur in Deutschland« und »Überwindung der Folgen der SED-Diktatur im Prozess der deutschen Einheit«; 1998–2003 Beauftragter der Bundesregierung für Menschenrechtspolitik und Humanitäre Hilfe im Auswärtigen Amt; seit 1998 Vorstandsmitglied der Bundesstiftung zur Aufarbeitung der SED-Diktatur.

ULRIKE POPPE

(*26.1.1953 in Rostock)

1971 Abitur; 1971–1973 Studium der Kunsterziehung und Geschichte in Berlin (abgebrochen); anschließend verschiedene Tätigkeiten, u.a. Hilfserzieherin in einem Durchgangsheim für Kinder und Jugendliche, Hilfspflegerin in der Psychiatrischen Klinik der Charité; ab 1973 Engagement in der Oppositionsbewegung der DDR; 1976–1988 Assistentin am Museum für Deutsche Geschichte in Berlin; 1980 Mitinitiatorin des ersten unabhängigen Ost-Berliner Kinderladens; 1982 Gründungsmitglied des Netzwerks »Frauen für den Frieden«; 1983 sechs Wochen Untersuchungshaft beim MfS wegen Verdachts auf »landesverräterische Nachrichtenübermittlung«, seit 1985 Mitglied der Initiative Frieden und Menschenrechte; 1987–1989 Beteiligung am Arbeitskreis »Absage an Praxis und Prinzip der Abgrenzung«; September 1989 Erstunterzeichnerin des Gründungsaufrufs der Bürgerbewegung Demokratie Jetzt (DJ), 1989–1991 Mitglied des Sprecherrats, Dezember 1989 – März 1990 DJ-Vertreterin am Zentralen Runden Tisch; 1990 Mitarbeiterin der Volkskammerfraktion Bündnis 90; seit 1991 Studienleiterin an der Evangelischen Akademie Berlin-Brandenburg.

THOMAS RAUFEISEN
(*16.7.1962 in Hannover)

Aufgewachsen in Hannover; Vater Armin Raufeisen als Auslandsspion für die DDR-Staatssicherheit tätig; 1979 Abzug der Familie aus Sicherheitsgründen in die DDR; Thomas erfährt erstmals von der Geheimdiensttätigkeit des Vaters; Wandel der politischen Einstellung des Vaters zur SED-Diktatur; Ausreiseanträge und Bemühungen, aus der DDR zu fliehen; 1981 Festnahme der ganzen Familie, 1982 Verurteilung vom 1. Militärstrafsenat in Ost-Berlin: Armin Raufeisen wegen »vollendeter und versuchter Spionage im besonders schweren Fall« zu lebenslänglicher Freiheitsstrafe, Charlotte Raufeisen wegen »Spionage« zu sieben Jahren, Thomas zu drei Jahren wegen »landesverräterischer Agententätigkeit und ungesetzlichem Grenzübertritt« verurteilt; bis 1984 in Bautzen inhaftiert; danach Ausreise in die Bundesrepublik; 1995 Rehabilitierung.

ERIKA RIEMANN
(*25.12.1930 in Mülhausen/Thüringen)

Sommer 1945 Verhaftung im Alter von 14 Jahren, da sie ein Porträt Stalins in ihrer Schule bemalt hatte, und Verurteilung durch ein sowjetisches Militärtribunal zu 25 Jahren Zwangsarbeit wegen »antisowjetischer Agitation und Beleidigung der Roten Armee«; Haftstationen u.a. in den Zuchthäusern und Lagern Bautzen, Sachsenhausen und Hoheneck; 1954 vorzeitige Haftentlassung und Flucht in die Bundesrepublik, wo sie in Hamburg lebt; 2004 Veröffentlichung ihrer Lebensgeschichte unter dem Titel »Die Schleife an Stalins Bart«.

CLAUDIA RUSCH
(*21.9.1971 in Stralsund)

Kindheit auf der Insel Rügen und in der Mark Brandenburg; 1982 Umzug mit ihrer Mutter zu dem Dissidenten Robert Havemann nach Ost-Berlin; wegen Nähe zu Robert Havemann andauernde Überwachung der Familie durch die Staatssicherheit; nach 1990 Studium der Germanistik und Romanistik in Berlin, Bologna und Paris; anschließend sechs Jahre Fernsehredakteurin beim MDR in Magdeburg; seit 2001 freie Autorin in Berlin u.a. mit Projekten zur Aufarbeitung der DDR-Geschichte; 2003 Publikation ihrer Jugenderinnerungen unter dem Titel »Meine freie deutsche Jugend«.

GÜNTHER SCHLIERF

(*2.11.1930 in Hönow bei Berlin)

Ausbildung bei der Reichsbahn; 1948 Teilnahme am Wahlkampf zur Stadtverordneten-versammlung von Groß-Berlin, die im Ostsektor der Stadt von der Sowjetischen Militär-administration verboten wurde; klebt in Ost-Berlin Plakate für die Falken (Jugendorga-nisation der SPD) und wird verhaftet; 1949 Verurteilung durch ein sowjetisches Militär-tribunal wegen »antisowjetischer Propaganda« zu 25 Jahren Arbeitslager; Haftstationen in Bautzen und Berlin-Hohenschönhausen, 1954 amnestiert. Flucht nach West-Berlin und seither Mitarbeiter der Bewag; langjähriges Mitglied des »Arbeitskreises ehemaliger politischer Häftlinge der SBZ/DDR« in der SPD.

UWE SCHWABE

(*4.5.1962 in Leipzig)

1978–1980 Ausbildung zum Instandhaltungsmechaniker im VEB Wasserwirtschaft Leipzig; 1981–1984 Mitglied der Nationalen Volksarmee; 1988 Verweigerung des Re-servedienstes; Arbeit in verschiedenen Betrieben als Instandhaltungsmechaniker und Stahlbauschlosser; 1988–1990 Hilfskrankenpfleger in einem Altenheim der Inneren Mission; 1987 Mitbegründer der Initiativgruppe »Leben«; intensive Bearbeitung durch das MfS; 1988 und 1989 Beteiligung an den Pleiße-Gedenkmärschen; 1989 Mitorgani-sator der Luxemburg-Liebknecht-Demonstration in Leipzig sowie der Friedensgebete und Montagsdemonstrationen in Leipzig; 1989 in U-Haft wegen Aufrufs zu einem Schwei-gemarsch für Meinungsfreiheit; 1989 Mitbegründer des Neuen Forums in Leipzig; 1991–1993 Mitbegründer und Leiter des »Archivs Bürgerbewegung Leipzig e.V.«, dort bis heute Vorstandsvorsitzender; seit 1994 Mitarbeiter in der Stiftung Haus der Ge-schichte der Bundesrepublik Deutschland/Zeitgeschichtliches Forum Leipzig.

ANHANG – DIE AUTOREN

JACQUELINE BOYSEN

wurde 1965 in Hamburg geboren. Ihr Geschichtsstudium in Hamburg, Wien und Bordeaux schloss sie mit einer Magisterarbeit ab. Nach einem Volontariat beim Deutschlandfunk ging Jacqueline Boysen als Landeskorrespondentin für das inzwischen gegründete Deutschlandradio nach Mecklenburg-Vorpommern. Heute arbeitet sie als Korrespondentin im Hauptstadtstudio von Deutschlandradio Kultur und berichtet über kultur-, geschichts- und bildungspolitische Themen. Jacqueline Boysen hat eine Biografie über Angela Merkel verfasst.

SVEN FELIX KELLERHOFF

wurde 1971 in Stuttgart geboren. Er studierte Neuere und Alte Geschichte, Medienrecht und Publizistik überwiegend an der Freien Universität Berlin und absolvierte danach die Berliner Journalistenschule. Seit 1993 ist er Journalist unter anderem bei »Berliner Zeitung«, »Die Welt«, »Badische Zeitung« und beim Bayerischen Rundfunk. 1998 kommt er zum Axel Springer Verlag: Dort ist er von 2000 bis 2002 als Leiter der Wissenschaftsredaktion der »Berliner Morgenpost« und von 2002 bis 2003 als Leiter der Kulturredaktion für Berlin tätig. Seit 2003 ist Sven Felix Kellerhoff leitender Redakteur für Zeit- und Kulturgeschichte bei »Die Welt« und »Berliner Morgenpost«.

OLIVER REINHARD

wurde 1965 in Minden/Westfalen geboren. Er studierte Neueste Geschichte, Medienwissenschaften und Romanistik in Paderborn, Köln und Bielefeld. Danach arbeitete er für Rundfunk und Fernsehen. Seit 1998 ist er Kulturredakteur der »Sächsischen Zeitung«. Oliver Reinhard verfasste mehrere Publikationen über den Zweiten Weltkrieg, die NS-Zeit, über SBZ und DDR, Letzteres mit dem Schwerpunktthema »Politisches Unrecht in der DDR«. Er lebt in Dresden.

THOMAS ROGALLA

wurde 1953 in Witten/Ruhr geboren. Er studierte Publizistik und Skandinavistik in Bochum, Berlin und Uppsala/Schweden, arbeitete als freier Journalist und absolvierte ein Volontariat bei der Berliner »tageszeitung«. Danach war er u.a. als Nachrichtenredakteur beim Sender Freies Berlin tätig, von 1992 bis 1996 arbeitete er als Pressesprecher des Bundesbeauftragten für die Stasi-Unterlagen, Joachim Gauck. Seit 1996 ist er Redakteur der »Berliner Zeitung«.

DR. HERMANN RUDOLPH

wurde 1939 in Oschatz/Sachsen geboren. 1959 floh er in die Bundesrepublik. Er studierte ab 1959 Literatur- und Sozialwissenschaften in Freiburg, München und Tübingen und wurde 1969 promoviert. Seit 1970 journalistische Arbeit bei der »Frankfurter Allgemeinen Zeitung«, seit 1980 bei der Wochenzeitung »Die Zeit« in Hamburg. Ab 1983 war er Leiter der Abteilung Politik und Zeitgeschehen beim Deutschlandfunk in Köln, ab 1986 Innenpolitiker der »Süddeutschen Zeitung« in München. Seit 1991 ist Hermann Rudolph beim »Tagesspiegel« in Berlin tätig, zuerst als Chefredakteur, dann als Herausgeber.

ANHANG – BILDNACHWEIS

Wir danken allen Archiven und Personen für die großzügige Unterstützung bei der Bildrecherche und die freundliche Überlassung der Fotos und Dokumente.

Trotz intensiver Recherchen konnte nicht in jedem Fall der Rechteinhaber ermittelt werden. Berechtigte Ansprüche bitten wir direkt bei der Bundesstiftung Aufarbeitung anzumelden.